SUSANNE HÜHN

DAS INNERE KIND

Schuldgefühle loslassen

Schirner Verlag

ISBN Printausgabe 978-3-8434-5148-2
ISBN E-Book 978-3-8434-6354-6

Susanne Hühn:
Das Innere Kind –
Schuldgefühle loslassen

Umschlag: Murat Karaçay, Schirner,
unter Verwendung von # 273297023
(Nadezhda Shlemina) und # 53473669
(Polina Katritch), www.shutterstock.com
Logo »Hände«: Murat Karaçay, Schirner
Lektorat & Layout: Claudia Simon, Schirner,
unter Verwendung der Bilder vom Umschlag
Printed by: Ren Medien GmbH, Germany

www.schirner.com

2. Auflage November 2017

Inhalt

Einleitung

Lieber Leser, Schuldgefühle lasten bleiern auf uns. Sie nehmen uns die Lebensfreude, die innere Freiheit und die Leichtigkeit, nach denen wir uns doch so sehr sehnen. Wenn wir Schuldgefühle haben, dann machen wir uns selbst nieder, setzen uns unter Druck, beschimpfen uns selbst, erlauben uns nicht, glücklich und zufrieden zu sein, solange wir nicht perfekt sind und alles erfüllen, was andere von uns wollen oder zumindest wollen könnten. Wir dürfen nicht glücklich sein, solange es andere, meistens ganz bestimmte, uns nahestehende Menschen nicht auch sind. Schuldgefühle nehmen uns den Atem. Die Angst, etwas falsch zu machen und andere damit zu verletzen, lähmt uns. Schuldgefühle wiegen schwer. Sie tarnen sich mit den Masken »Fürsorge« und »Pflichtbewusstsein« und sind vielschichtig.

Doch woher kommen Schuldgefühle? Dienen sie überhaupt zu etwas? Und wie wird man sie los? Denn eines ist klar: Schuldgefühle haben noch nie jemanden glücklicher und entspannter werden lassen. Weder dich, wenn du sie hast, noch die Menschen, die du beschützen willst. Sie sorgen nur dafür, dass du im alten Trott bleibst und dich doch wieder ausbeuten lässt, dich überforderst und mehr als angemessen für andere da bist. Schuldgefühle sind wie ein schleichendes emotionales Gift, das du ein für alle Mal loslassen und loswerden darfst.

Und dennoch haben diese merkwürdigen emotionalen Gebilde einen Sinn. Denn echte Gefühle sind das nicht. Hinter wie Nebelschwaden wabernden Schuldgefühlen verstecken sich zumeist sehr geschickt die wahren Empfindungen.

Woher kommen Schuldgefühle?

Das Perfide ist: Schuldgefühle haben meistens einen ganz realen Ursprung, der aber tief im Verborgenen liegt. Du hast irgendwann, meistens als Kind, etwas unbewusst versprochen, was du nicht (mehr) halten kannst. Entweder, weil die Einhaltung des Versprechens gar nicht (mehr) in deiner Macht liegt, oder weil du nicht mehr weißt, welcher Art das Versprechen überhaupt war.

Die Scham darüber, jemanden (vermeintlich) im Stich gelassen zu haben, auch wenn dir das in keiner Weise bewusst ist, kann dich ernsthaft krank machen. Zumindest vergällt sie dir die Lebensfreude und macht es dir unmöglich, deinen ureigenen Weg in Freude und Frieden zu gehen. Es scheint, als hättest du einen emotionalen Pakt geschlossen, der besagt, dass es dir nicht gut gehen darf, zumindest nicht besser als deiner Mutter, deinem Vater oder deiner kranken Schwester, dass du nicht unabhängig werden darfst, nicht eigenständig. Vielleicht auch, dass du niemanden brauchen darfst, dass du niemals unglücklich sein darfst. Es gibt sehr viele, sehr unterschiedliche Pakte, die sich widersprechen, und alle nehmen sie dir deine Freiheit.

Jedem Schuldgefühl liegt also ein Versprechen zugrunde, das du nicht einhalten kannst. Das ist wichtig zu wissen, denn dein Unterbewusstsein weiß das. Es ist unbestechlich. Deshalb kannst du dir Schuldgefühle nicht einfach ausreden. Sie sind unlogisch und verbergen einen tiefen Schmerz – meistens nicht einmal deinen eigenen. Darum kommst du mit Vernunft nicht weiter, so wichtig sie auch für dein Leben ist.

Machen wir uns auf zu einer Forschungsreise. Erkennen wir gemeinsam, welche Versprechen du gegeben hast und wie du sie ein für alle Mal einlösen oder rückgängig machen kannst. Denn manchmal, sogar oft genug, müssen wir die Verantwortung dafür übernehmen, dass wir ein Versprechen eben nicht halten können. Das tut wirklich weh. Denn du hast versucht, den Schmerz des anderen auf dich zu nehmen, damit er ihn nicht mehr spüren muss. Du hast versucht, dich auf eine Weise zu verhalten, die den Schmerz des anderen entweder lindert oder ihn erst gar nicht auslöst.

Beispiele für Versprechen:

- »Ich werde niemals einem Lebewesen Schaden zufügen.«
- »Ich rette dich.«
- »Ich werde dir nie Ärger machen.«
- »Ich werde immer lieb sein.«
- »Ich mache mich so klein, dass du mich gar nicht bemerkst.«
- »Ich werde dich glücklich machen.«
- »Meine Liebe hält dich gesund.«
- »Ich werde dich nie verlassen.«

Ein klassisches Beispiel für Schuldgefühle ist die typische Co-Abhängigkeit, die in der Kindheit entsteht: Ein Familienmitglied hat ein Problem, das es nicht zugibt und auch nicht zu lösen versucht. Oft ist es eine Krankheit, zum Beispiel eine Sucht oder eine unbehandelte Depression. Doch auch jedes andere Verhalten, das die Familie schädigt, kann zu Co-Abhängigkeit führen. Die Familie deckt die Krankheit oder das schädigende Verhalten, tut so, als wäre alles in Ordnung. Und du musst mitmachen. Du musst schweigen, du musst die Ausfälle und emotionalen Ausbrüche oder auch die Kälte des Familienmitgliedes nicht nur aushalten, sondern womöglich sogar noch decken. Du nimmst die Schmerzen und die Ohnmacht deiner Geschwister und auch die des Inneren Kindes deiner Mutter oder deines Vaters wahr. Vielleicht bist du selbst sogar das Opfer des schädigenden Verhaltens, doch du darfst nichts sagen, damit du das Familiengefüge nicht störst. Unterschwellig spürst du: Würdest du deine Wahrheit sagen, dann brächtest du das ganze System ins Wanken und würdest auch bei den anderen Unbehagen, Angst, Scham und Schmerzen auslösen, zum Beispiel bei deiner kleinen Schwester oder bei deiner Mutter, die nie richtig erwachsen geworden ist. Also schweigst du und machst die Dinge mit dir selbst ab. Du übernimmst die Scham, die Angst und die Schmerzen des ganzen Systems, die du durch dein Schweigen zu vermeiden versuchst.

Gleichzeitig spaltest du dich von dir selbst ab, denn das, was du aushalten musst, ist oft nicht zu ertragen. Dass du so tun musst, als sei alles in Ordnung, potenziert den Schmerz ins Unermessliche. Auch diesen Schmerz spaltest du ab. Nur eine dumpfe Müdigkeit oder eine seltsame Gleichgültigkeit markiert nun noch die Stelle auf deiner emotionalen Landkarte, an der das Unglück tobte. Diese Stelle wirkt jedoch weiterhin auf die Art ein, wie du mit dir und dem Leben umgehst. Doch du umkreist sie nun weiträumig, vermeidest, sie anzuschauen, die Trümmer wegzuräumen und etwas Neues aufzubauen, um im Bild zu bleiben.

Wie passen die Schuldgefühle dazu? Schuldgefühle sorgen dafür, dass du dich auf eine Weise verhältst, die verhindert, deine wahren Schmerzen und die wahren Defizite in deiner Familie zu erkennen und zu spüren. Sie schützen dich vor dem inneren Katastrophengebiet, indem sie dich großräumig um die Unglücksstelle herumführen. Schuldgefühle sind wie Umleitungsschilder. Sie halten dich von den wahren Gefühlen in dir fern. Das hilft dir dabei, weiterhin zu funktionieren, und somit erfüllen die Schuldgefühle meisterhaft ihren Zweck. Aber heil wirst du auf diese Weise nicht.
Oft erlöst es uns bereits, wenn wir erkennen, dass wir uns übernommen haben. So gern das Herz und der Engel in dir und auch in mir auch das Leid der Welt heilen, zumindest mildern wollen, sie können es nur bedingt. Doch wenn wir zum Leid der Welt auch noch unsere Schuldgefühle hinzufügen, dann vergrößern wir es. Und das können wir ändern!

Es gibt einlösbare und uneinlösbare Versprechen. Das, wofür du verantwortlich bist, und das, woran du keine

Schuld trägst, ist nicht verhandelbar und auch nicht flexibel. Es ist allerdings äußerst vielschichtig, so, wie das Leben eben ist. Für bestimmte Aspekte eines Ereignisses trägst du womöglich sehr wohl Verantwortung, für andere nicht. Wenn du unter Schuldgefühlen leidest, ist es ganz wichtig, dass du sehr genau unterscheidest, wo du etwas wiedergutmachen darfst und auch solltest und wo du loslassen und voller Mitgefühl auf die Ereignisse schauen darfst.

Emotionale Klarheit ist für jemanden, der unter Schuldgefühlen leidet, überlebensnotwendig. Oftmals legten sich Schuldgefühle über eine tiefe Scham, nie gut genug gewesen zu sein, über den Schmerz, die Eltern nicht so stolz gemacht zu haben, wie man es doch so gern getan hätte. Und wirklich sehr oft trägt jemand, der unter Schuldgefühlen leidet, den Schmerz des Inneren Kindes eines oder mehrerer Familienmitglieder und versucht, ihn zu lindern oder ihn zumindest nicht zu vergrößern. Natürlich scheitert man daran. Also fühlt man sich schuldig. So einfach ist das.
Aber nicht immer. Denn natürlich kannst du dich auch schuldig fühlen, weil du wirklich falsch gehandelt hast. Lasse uns zur Unterscheidung Folgendes miteinander vereinbaren: Wenn du jemanden bewusst verletzt, aus Feigheit oder Angst nicht unterstützt oder verraten und

im Stich gelassen hast, dann nennen wir das in diesem Buch »Schuld tragen«. Echte Schuld kann man zumeist durch eine Handlung, zum Beispiel eine Bitte um Vergebung, wiedergutmachen. Nicht umsonst gibt es das Wort »Schuldbewusstsein«, das bedeutet, sich seiner Schuld bewusst zu sein. Echte Schuld hat, wenn man sie einsieht und anerkennt, Reue und eine aufrichtige Bitte um Vergebung zur Folge. Echte Schuld bedingt meistens echte Scham und echtes Bedauern. Man hat wirklich etwas falsch gemacht und jemanden oder sich selbst verletzt, obwohl es in der eigenen Macht stand, anders zu handeln. Du fühlst dich zu Recht schuldig, weil du in deiner Komfortzone geblieben bist, statt über deinen Schatten zu springen und ehrlicher, mutiger, authentischer und hilfsbereiter zu sein, als du es gewesen bist. Echte Schuld erlebst du, wenn du unter deinen Möglichkeiten gehandelt und dadurch etwas versäumt oder etwas vollkommen Unangemessenes getan hast.

Das Gute ist: Du kannst die Energien wieder ins Gleichgewicht bringen. Selbst wenn dir der andere nicht vergibt oder nicht mehr vergeben kann, kannst du durch deine aufrichtige Bitte um Vergebung, deine Reue und deine Wiedergutmachung eine harmonische Ordnung wiederherstellen. Du kannst bereit werden, in Frieden mit dem zu kommen, was ist, und damit die Dinge wieder ins Gleichgewicht bringen.

Schuldgefühle dagegen gehen einher mit Groll und Angst. Es sind diese vagen, unangenehmen, aber oft sehr starken Empfindungen, die dich daran hindern wollen, deinen eigenen Weg zu gehen, das zu tun, was gut für dich ist, und das zu sagen, was du wirklich denkst und fühlst. Schuldgefühle sorgen dafür, dass andere in ihrer Komfortzone bleiben können und du gleich mit. Sie zwingen dich zu Handlungen, die dazu dienen, die Gefühle anderer zu schonen und damit zu kontrollieren, egal, wie es dir dabei geht. Alles ist besser, als andere zu enttäuschen oder zu verletzen und damit ihre Zuneigung zu verlieren. Schuldgefühle bringen dich meistens dazu, etwas zu vermeiden: den Zorn, die Enttäuschung oder den Unmut anderer in Bezug auf dich. Und meistens verschleiern sie eine tiefe Scham, und zwar oft darüber, überhaupt Bedürfnisse zu haben und selbst etwas zu brauchen.
Schuldgefühle hast du dann, wenn du die Bedürftigkeit eines anderen spürst – jene Bedürftigkeit, für die der andere keine Eigenverantwortung übernimmt. Diese Bedürftigkeit, die im Raum wabert und zeigt, dass irgendwo Energie fehlt, dass ein Ungleichgewicht herrscht, dass sich zum Beispiel jemand nicht um sein Inneres

Kind kümmert. Dein Schuldgefühl will dich daran erinnern, die Harmonie wiederherzustellen.

Nehmen wir das Wort einmal auseinander: Es ist das Gefühl von Schuld, aber es ist nicht DEINE Schuld, sondern die eines anderen, und zwar die Schuld daran, dass er nicht die Verantwortung für sich selbst übernimmt. Ein dir fremdes System ist in Not oder zumindest im Mangel, so, wie ein Konto. Und weil du das spürst, möchtest du dafür sorgen, dass es wieder ins Plus kommt. Das Leben möchte nun einmal für sich selbst sorgen und erträgt Mangelzustände nicht lange. Aber warum kannst du dich so schlecht abgrenzen? Warum erlaubst du, dass du durch den Ausgleich selbst ins Minus gerätst? Du darfst ja dieses Minus spüren, aber warum musst du auf der Stelle einspringen, meistens sogar ausdrücklich gegen dein inneres besseres Wissen? Nun, zum einen bestimmt, weil du ein sehr mitfühlendes Wesen bist. Vor allem dein Inneres Kind leidet mit, wenn andere leiden, es kann nicht zwischen dem eigenen Schmerz und dem anderer unterscheiden. Doch es gibt auch noch ein paar andere Gründe. Sie hängen mit deinem Überleben zusammen.

Du sagst, dass du eben niemanden im Stich lassen willst. Du kannst nicht Nein sagen, und du empfindest es bereits als Zumutung, dass andere überhaupt fragen. Nein zu sagen, ist eine Tortur für dich, um Hilfe zu bitten, auch. Du bist äußerst pflichtbewusst und fürsorglich. Letztlich erträgst du einfach keine negativen Gefühle dir gegenüber, auch keine, die du lediglich befürchtest. Zeit mit dir selbst zu verbringen, statt dich um jemanden zu kümmern, der dich braucht, fällt dir sehr schwer. Einen Abend mit Freunden abzusagen, weil du lieber Zeit mit deiner Katze auf der Couch verbringen möchtest, ebenso. Verbringst du den Abend aber mit Freunden, dann hast du Schuldgefühle, weil deine alte Katze zu Hause auf dich wartet und in dieser Zeit sterben könnte.

Gefällt dir das Gerede über Schuld nicht? Glaubst du, es gäbe keine echte Schuld, sondern nur Erfahrungen, die man sich womöglich sogar noch ausgesucht hat? Ich erlebe das so: Ja, es gibt letztlich nur Erfahrungen. Und dazu gehört die Erfahrung von Schuld, von echtem Versäumnis, echtem Versagen. Die Scham und die Reue, die dann kommen, sind auch Erfahrungen. Wenn du dich entschuldigst und dein Versäumnis wiedergutmachst, dann führen sie dazu, dass du stabiler wirst, stärker, dass du erkennst, dass die Welt nicht untergeht, wenn du einen Fehler machst. Vieles lässt sich wieder in Ordnung bringen. Oft genug bewirken wahrhaftige Reue und eine aufrichtige Bitte um Verzeihung ein Wunder. Sie bringen

Frieden und Vergebung, selbst wenn das Geschehene nicht wiedergutgemacht werden kann. Dazu gehört womöglich auch die Erfahrung, dass du dich selbst, deine Träume und tiefsten Sehnsüchte, im Stich gelassen hast. Und auch das kannst du wiedergutmachen. Den Schritt, deine Ängste zu überwinden und doch noch das zu tun, was du bisher versäumt hast, kannst du in den meisten Fällen nachholen. Angerichtete Schäden lassen sich oft reparieren. Wir schauen später nach, wie wir Wiedergutmachung leisten können, wenn wir wirklich schuldig geworden sind.

Schuldgefühle hingegen wirst du nicht los, indem du etwas bereust oder wiedergutmachst. Im Gegenteil, je mehr du dich entschuldigst, desto tiefer scheinst du dich in diese Schuldgefühle zu verstricken. Sie führen eine Art Eigenleben, sind wie energetische Blutegel, die an dir kleben und dir deine Lebendigkeit und Lebensfreude rauben. Versuchst du, etwas in Ordnung zu bringen, was dir Schuldgefühle bereitet, dann finden sie mit Sicherheit neues Futter. Irgendetwas gibt es immer, wofür du dich mies fühlen kannst. Aber warum? Wie bist du in das klebrige Spinnennetz der Schuldgefühle hineingeraten, und wozu dienen sie? Erst wenn du das verstanden hast, kannst du die Funktion dieser vermeintlichen Energieräuber selbst übernehmen und dir auf gesunde Weise das geben, was sie auf völlig verdrehte Weise bewirken wollen.

»Warum denn ›vermeintlich‹?«, fragst du vielleicht. »Sind Schuldgefühle nun Energieräuber oder nicht?« Ja, sind sie. Und nein, sind sie nicht. Zunächst einmal sind sie das Werkzeug des inneren Antreibers. Schuldgefühle wollen dich immer zu etwas bringen oder dich von etwas abhalten. »Wie kann mich ein innerer Antreiber von etwas abhalten wollen, ist das nicht unlogisch?«, fragst du weiter. Nein, denn indem er dich von etwas abhält (zum Beispiel davon, dich einfach einmal auszuruhen oder etwas wirklich Gutes und Nährendes für dich zu tun), treibt er dich zum ungesunden Durch- und Aushalten an. Die Frage ist, warum er das tut und wie du aus dieser Zwickmühle herauskommst.

Nun, du weißt, wenn du auf dem Spielbrett in eine Zwickmühle gerätst, dann musst du etwas opfern. Anders geht es nicht. Du opferst so lange Stein um Stein, bis du deine Spielsteine selbst wieder zu einer Mühle positioniert hast, also wieder machtvoll und handlungsfähig bist. Und so ist es auch hier. Du opferst jedes Mal, wenn du dem Drängen der Schuldgefühle nachgibst, einen Teil deiner Lebensfreude, deiner Selbstbestimmung, deiner Würde und deines Lebensmutes. Du könntest dich auch entscheiden, ein Stück deiner emotionalen Sicherheit zugunsten deiner Selbstbestimmung, die dir am Ende sehr viel mehr echte Sicherheit schenken würde, zu opfern. Doch das ist schwer. So schwer, dass du sicherlich immer wieder daran gescheitert bist. Warum? Weil du einen triftigen Grund hast, es anderen recht zu machen. Dein Leben hängt davon ab, dass du das tust. Zumindest glaubt das dein Inneres Kind.

Was hat das Innere Kind mit Schuldgefühlen zu tun?

Werfen wir einen Blick oder auch zwei Blicke auf dieses Innere Kind. Wer ist das überhaupt? Das Innere Kind ist der große und machtvolle Anteil in dir, der auf das, was dir im Leben geschieht, unmittelbar, unreflektiert und vollkommen emotional reagiert. Meistens verdrängt man diese Gefühle sofort, und sie bestimmen oft genug gerade deshalb maßgeblich das Verhalten – und sei es eben dadurch, dass sie verdrängt werden. Das Innere Kind bist letztlich du selbst. Es ist das Kind, das du warst, das du wirklich warst, nicht das, von dem du bewusst weißt, und auch nicht das, welches deine Eltern kennen. Dein Inneres Kind (oder genauer: deine Inneren Kinder, denn du hast viele, in jedem Alter und in jedem emotionalen

Zustand, den du erlebt hast) kennt deine wahren Gefühle in Bezug auf das, was dir als Kind geschehen ist, und es versucht, dich dazu zu bringen, das Gute zu wiederholen und das Schmerzhafte zu vermeiden. Das klingt sinnvoll, aber es dient nicht dazu, frei, selbstbestimmt und schöpferisch dein Leben zu gestalten. Unreflektierte Schmerzvermeidung und sofortiger Lustgewinn sind nicht immer die besten Ratgeber, schon gar nicht, wenn du dein Leben selbstverantwortlich leben willst.

Was also hat das Innere Kind mit Schuldgefühlen zu tun, und wie kannst du ihm helfen, sie loszuwerden? Noch einmal zur Unterscheidung: Du trägst auf angemessene Weise Schuld, wenn du bewusst etwas Gutes unterlassen oder etwas Schädigendes getan hast, obwohl du anders hättest handeln können. Du bereust, bittest um Vergebung und machst die Dinge wieder gut, soweit das in deiner Macht steht. Dadurch reifst du. Du entwickelst Würde, Bewusstsein und Mitgefühl. Ungesunde Schuldgefühle hingegen bekommst du, wenn du etwas Gutes für dich tun willst und etwas dich Schädigendes loslassen möchtest. Wenn du der Stimme des Schuldgefühls folgst, ihren Maßstäben gerecht handelst, dann fühlst du dich schwach, ausgebeutet und würdelos. Das ist ein entscheidender und wirklich dramatischer Unterschied.

Was ist denn da schief gelaufen? Warum kannst du nicht gut und vor allem entspannt für dich sorgen, ohne Schuldgefühle zu haben? Warum lässt du dich von einer unbestimmten, dich verunsichernden inneren Kraft antreiben?
»Das bist du mir (oder: deiner Mutter, deiner Schwester, deiner Großmutter, der Welt, den Kindern in Afrika ...) schuldig.« Kennst du diesen Satz? Und hat man dich mit diesem Satz emotional erpresst, dich zu etwas gebracht, was du nicht tun wolltest, oder dich von etwas abgehalten? Wieso hat dieser Satz so viel Macht über uns? Schuldgefühle zeigen dir immer, dass du einen dir zumeist völlig unbewussten Vertrag mit einer Person, einer Gruppe von Menschen, dem Planeten Erde, Gott, den Tieren, dir selbst oder mit wem auch immer eingegangen bist. Einen Vertrag, zu dem du (zumindest unterdessen) Nein hättest sagen sollen und den du deshalb nur zähneknirschend und voller Groll einhältst. So sind sogar Schuldgefühle letztlich Folgen von Schuld, du bleibst jemanden das schuldig, was du versprochen hast. Du bist auf völlig unbewusste Weise Emotionalverträge eingegangen, Nichtangriffspakte, Bindungen, hast Versprechen gegeben, die du nicht halten kannst.

Wie lösen wir uns aus Versprechen, die wir nicht halten können? Bestimmt nicht, indem wir es ständig vergeblich versuchen, scheitern und Schuldgefühle haben. Sondern, indem wir uns selbst von diesen Versprechen entbinden, uns im besten Fall auch vom anderen entbinden lassen und die Verantwortung dafür übernehmen, dass wir sie nicht halten können oder wollen. Schuldgefühle sind besonders dann vorprogrammiert, wenn du Verträge einhalten sollst, die sich widersprechen. In der Psychologie spricht man von einer doppelten Bindung, einem Double Bind: Wie du es machst, machst du es verkehrt.

Ein Beispiel: Deine Mutter zeigt dir ihre Liebe, indem sie dich mit Nahrung versorgt. Sie freut sich, wenn du isst, und kocht dir gerne deine Lieblingsgerichte. Sie möchte, dass du dich sicher und geborgen fühlst, indem du genug zu essen bekommst. Als Kind ist sie beinahe verhungert, weil sie im Krieg geboren wurde. Oder sie trägt die Erfahrung ihrer Eltern, deiner Großeltern, zu verhungern, in den Zellen. Auch Traumen der Ahnenreihe werden vererbt, das weiß die Wissenschaft unterdessen. Dein Vater zeigt dir seine Liebe über die Sorge um deine Gesundheit. Er hält dich an, weniger Süßes und Deftiges zu dir zu nehmen, sondern dich mehr zu bewegen. Vielleicht war er früher Sportler, oder er weiß einfach ein bisschen was über Ernährung. Der Konflikt über deine Ernährung schwelt am Mittagstisch. Selbstverständlich wird er nicht ausgesprochen. Als

Kind spürst du aber, dass etwas nicht stimmt und dass eine Art energetisches Tauziehen stattfindet. Du bist dabei das Tau. Beide Elternteile wollen dein Bestes, beide haben auf ihre Weise recht. Welche Verträge bist du mit deinen Eltern eingegangen? »Ich sehe deine Liebe, und ich nehme sie an«, »Ich werde dich nie verletzen«, »Ich nehme, was du mir gibst«, oder: »Ich sorge dafür, dass ihr zusammenbleibt, ich sorge für Harmonie.«? Was, wenn du mit beiden Elternteilen die gleichen Verträge geschlossen hast und sie widersprechen sich?

Als Kind kannst du diesen Konflikt nicht lösen. Weist du die übermäßige Nahrung zurück, verletzt du deine Mutter, isst du sie, bringst du deinen Vater in Schwierigkeiten. Und weil das Ganze sowieso völlig unbewusst abläuft, merken weder du noch deine Eltern, dass du emotional in Not bist. Du bekommst undefinierbare Schuldgefühle, spürst das Unbehagen, das durch dein Verhalten, egal, ob du isst oder nicht, ausgelöst wird. Du weißt nicht, was von dir erwartet wird, und kannst deshalb das ausgelöste Unbehagen nicht kontrollieren. Dein Gehirn verknüpft nun »Essen«, besonders deine Lieblingsmahlzeit, mit »Geborgenheit« und mit »Verrat«, außerdem mit »unbestimmtem Unbehagen«, gleichzeitig aber auch mit »Liebe und Fürsorge«. Nichtessen aber verknüpft es mit genau den gleichen Gefühlen! Das ist für ein Kind katastrophal. Es hat keine Chance, für ein stabiles Umfeld zu sorgen, wenn es nicht weiß, was von ihm erwartet wird. Wie soll es lernen, sich gesund und vernünftig, lustvoll und bewusst zu ernähren, wenn es in Bezug auf Nahrung bereits emotional völlig konfus ist?

Manchmal sind die wirksamen Verträge so tief im Unbewussten verborgen, dass man sich zwar ständig in einer Schuld fühlt, diese auch unbedingt wiedergutmachen will, aber einfach nicht weiß, wo man ansetzen kann.

Selbstverständlich beeinflusst dein Verhalten als Kind die Gefühle deiner Eltern. Aber längst nicht in dem Maße, wie Kinder das glauben und wie viele Verwandte sie das glauben machen. Am Ende entscheidet ein erwachsener Mensch immer noch selbst, wie er emotional mit dem Leben und auch mit dem Verhalten seiner Kinder umgeht. Wenn sich ein Elternteil für seine Kinder schämt, dann hat er selbst ein Schamthema, das Kind kann nichts dafür. Es versucht einfach nur, zu überleben und zu bekommen, was es braucht.

Reden wir ein bisschen über die Bedürfnisse eines kleinen Kindes, um besser zu verstehen, warum Schuldgefühle so tief gehen, mit dem gesunden Menschenverstand fast nicht zu erlösen und so immens zerstörerisch sind. Denn diese Bedürfnisse und die Antwort deiner Eltern darauf haben dein Inneres Kind, das noch heute mit all seinen Verletzungen so präsent ist, gebildet.

Im Mutterleib bist du maximal von deiner Mutter und deren physischer und psychischer Fähigkeit, dich zu versorgen, abhängig. Wirst du geboren, übernimmst du einige biologische Funktionen selbst, doch du bleibst zunächst äußerst abhängig. Du brauchst einen Menschen, der sich bewusst dafür entscheidet, für dich zu sorgen, selbst wenn es für ihn gerade unbequem ist, einen Menschen, der bereit ist, eine Symbiose mit dir einzugehen. Er muss in der Lage sein, dich zu hören, deine Bedürfnisse zu erkennen, sie sogar zu fühlen und sie zu befriedigen. Du bist dir deiner selbst unbewusst, du bist unschuldig. Du brauchst jemanden, der dir liebevolle, positive Reaktionen schenkt, der sich freut, dich zu sehen und für dich zu sorgen, und der dich liebt. Hast du das nicht, kannst du dennoch überleben, aber du kannst dich nicht gesund entwickeln, sei es physisch oder emotional. Liebe allein ist nicht genug, wenn die Fähigkeit, für dich zu sorgen, fehlt. Für dich zu sorgen reicht auch nicht, wenn du keine positive emotionale Rückmeldung, eben Liebe, bekommst. Diese Symbiose sorgt dafür, dass eine Mutter (oder wer auch immer für das Baby sorgt) spürt, wenn dem Kind etwas fehlt. Sie versetzt sie in die Lage, beinah telepathisch mit dem Baby zu kommunizieren und es zu fühlen. Ein Kind ist davon abhängig, dass es gefühlt und verstanden wird, dass jemand in der Lage ist, seine Bedürfnisse zu erkennen und zu befriedigen.

Die Ausschüttung des Hormons Oxytocin bei der Mutter, das nach der Geburt dafür sorgt, dass sie ihr Baby entzückt anschaut, es berühren und stillen will, ist für das Kind lebenswichtig, damit es sich in emotionaler Hinsicht stabil entwickelt. Kennst du dieses Entzücken, wenn du ein Tierbaby oder ein Menschenbaby, das dich wirklich berührt, anschaust? Diese tiefe Rührung, die dafür sorgt, dass du alles, aber auch wirklich alles, tun würdest, um dieses Wesen zu beschützen? Das System eines Babys erwartet diese Reaktionen, auch das Entzücken. Bleiben sie aus, dann wird das Baby in seiner noch völlig unbewussten Selbstwahrnehmung irritiert. Was meine ich damit? Das gesamte System eines Babys, die Art, wie es reagiert, die Art, wie sich sein Gehirn entwickelt, die Art, wie es heranreift, ist darauf ausgelegt, dass es jemanden gibt, der es liebevoll beschützt und versorgt. Ein Menschenkind, das später mit sehr vielschichtigen und komplexen Emotionen umgehen muss, braucht eine stabile positive emotionale Reaktion der es versorgenden Menschen. Das Leben hier auf der

Erde als Säugetier funktioniert nun einmal so, gesteuert vom Oxytocin.
Dieses Hormon sorgt neben all der Liebe, die die Mutter (wenn alles gut läuft) sowieso empfindet, dafür, dass für sie die Grenzen zwischen ihr und ihrem Baby aufgehoben werden. Sie fühlt sich eins mit ihrem Kind, und das ist auch genau richtig so. Das Baby selbst braucht kein Hormon, damit die Grenzen zwischen ihm und seiner Umwelt verschwinden, denn es hat noch keine. Es kann nicht zwischen sich und der Außenwelt unterscheiden. Für ein Baby ist alles eins. Das, was im erwachsenen Alter so romantisch und spirituell klingt, bringt das Kind in eine sehr verletzliche Position: Es hat keine Verhaltenswahl. Es kann nicht unterscheiden, was zu ihm gehört und was nicht, welche Gefühle und Bedürfnisse seine sind und welche nicht. Das ist dramatisch. Denn was ist, wenn in dieser Symbiose, die das Baby eingeht, eingehen muss, Schmerz schwingt? Scham? Wut? Tiefe Trauer? Leid? Bedürftigkeit? Das Baby kann sich nicht bewusst abgrenzen, es kann nicht unterscheiden, was zu ihm gehört, wofür es verantwortlich ist und wofür nicht. Warum nicht? Weil der entsprechende Gehirnteil noch nicht herangereift ist. Ein Kind kann weder reflektieren noch analysieren, es kann sich emotional nicht selbst halten und ist nicht in der Lage, seine spirituellen Kräfte bewusst zu nutzen.

Und doch gibt es selbstverständlich auch Abwehrmechanismen, so verletzlich ist ein Baby nun auch wieder nicht. Die Kraft, die das Kind schützt, heißt Resilienz. Das ist die ganz natürliche Fähigkeit eines Systems, sich von außen andrängenden, störenden Kräften zu widersetzen. Stelle dir einen Gummiball vor, er hat, bildlich gesprochen, eine große Resilienz. Eine Seifenblase oder eine hauchzarte Glaskugel nicht. Kinder haben diese Widerstandsfähigkeit, doch je empfindsamer, je feinfühliger ein Kind ist, desto größer ist die Gefahr, dass es sich die bedürftigen, schmerzlichen Energien anderer zu eigen macht. Diese Symbiose, die das Kind einzugehen versucht, einfach, weil es das muss, kann also Segen und Fluch zugleich sein. Denn was geschieht, wenn die Mutter oder der Vater die eigenen Bedürfnisse, gesehen, geliebt und emotional versorgt zu werden, auf das Kind projiziert? Was passiert, wenn die Mutter oder der Vater vom Kind abhängig ist, wenn es eine Reihe von emotionalen Aufträgen zu erfüllen hat, die weder offen ausgesprochen werden noch gegen die es sich auflehnen kann?

- ★ »Mache mich stolz.«
- ★ »Gib mir eine Daseinsberechtigung.«
- ★ »Mache mich glücklich.«
- ★ »Festige meinen Platz in dieser Familie.«

- ★ »Mache meine Mutter stolz auf mich, weil sie endlich Oma wird.«
- ★ »Gehe mir nicht auf die Nerven.«
- ★ »Störe mich nicht.«

Oder was geschieht, wenn gar Vorwürfe gegen das Kind erhoben werden?

- ★ »Deinetwegen kann ich nicht Klavier spielen.«
- ★ »Du ruinierst meine Karriere/Ehe/Figur.«
- ★ »Um dich versorgen zu können, muss ich zu viel arbeiten/im Haus meiner Eltern wohnen bleiben/kann ich nicht ans Meer ziehen.«

Was ist, wenn diese Bindung eben nicht stattfindet, Hormone hin oder her, wenn das Kind keine Symbiose erfährt, sondern die Erfahrung existenzieller Einsamkeit erlebt, viel zu früh, weil es sich selbst noch nicht stabilisieren kann? Was ist, wenn es die Schmerzen eines Geschwisterchens spürt? Es übernimmt unbewusst all das, was die anderen Personen, die zum System gehören, nicht fühlen wollen oder können. Es übernimmt auch die Bedürftigkeit der Geschwister, wenn diese nicht genügend gesehen und gehalten werden. Es kann nicht anders. Die anderen übernehmen ihrerseits auch seinen Schmerz, und so wabert der Schmerz ständig im System hin und her. Das Gehirn des Kindes versucht nun, diese Gefühle zu verarbeiten, und scheitert, weil es ja nicht nur seine eigenen sind. Was geschieht also? Es erlebt sich selbst als ungenügend, als fehlerhaft. Und es versucht vergeblich, das wieder in Ordnung zu bringen.

Auch unterschwellige Botschaften empfängt das Kind. Wie ein Seismograf spürt es Rhythmusstörungen im familiären Emotionalsystem auf, erkennt Disharmonien und energetische Versorgungslücken. Es muss diese Störungen wahrnehmen und, wenn es in seiner Macht steht, ausgleichen. Sein Leben hängt davon ab. Warum? Als Kind befindet sich dein Bewusstsein im sogenannten Säugetierhirn, du spürst deine Bedürfnisse und bist in Kontakt mit dir. Von hier aus könnte das Hirn wunderbar reifen. Wenn deine Bedürfnisse aber nicht zeitnah erfüllt werden, dann schlägt die Amygdala, dein Angstzentrum, Alarm, und das muss sie auch, denn dein Überleben hängt davon ab, dass du genährt und versorgt wirst. Das Bewusstsein rutscht nun ins Stammhirn, hier wirkt der Sympathikus-Nerv. Er aktiviert dich, du schreist und zappelst. Hört dich keiner, dann rutscht das Bewusstsein nach einer Weile in den am wenigsten entwickelten Hirnteil, in das sogenannte Fischhirn. Hier wirkt der Parasympathikus, und du wirst apathisch, schlaff, teilnahmslos. Das hat nichts mit Loslassen zu

tun, sondern mit völliger Selbstaufgabe. Bist du hier gelandet, dann gibt es keine Handlungsimpulse mehr, du bist der Situation voll und ganz ausgeliefert.
Wie dramatisch die Wahrnehmungen eines schreienden Babys oder Kleinkindes unterschätzt werden, zeigt sich in folgendem Satz: »Das Kind will ja nur Aufmerksamkeit«. Ja, es will natürlich Aufmerksamkeit. Weil es zu sterben befürchtet, wenn es nicht beachtet wird! Warum befürchtet das Kind zu sterben, wenn es nicht beachtet wird? Weil es stimmt. Denn Babys haben kein Zeitgefühl. Sie wissen nicht, dass die Mutter fünf Minuten später wiederkommt. Und oft genug kommt sie ja auch nicht wieder. Wenn ein Baby keine Aufmerksamkeit bekommt, dann stirbt es tatsächlich, so einfach ist das. Es verdurstet, verhungert, erfriert oder wird von Tieren gefressen, zumindest ist auch diese Erfahrung im Stammhirn abgespeichert und in einigen Ländern noch durchaus real. Woher soll das Kind wissen, dass es in wenigen Minuten »gerettet« wird? Unmittelbares Erleben ist das Erste, was du erfährst, wenn du geboren bist. Bewusstsein, Verstand, Vernunft, logisches Denken, konstruktive Problemlösungen und die Unterscheidung zwischen dir und dem Rest der Welt folgen erst, wenn du heranreifst.

Warum ist das so? Sprechen wir zunächst ein bisschen über den Mandelkern, ebenjene Amygdala. Das ist ein sehr alter Teil des Gehirnes, der aus dem ursprünglichen Riechhirn heraus entstanden ist, der Teil, der als Allererstes auf jedes Ereignis reagiert. Er unterscheidet auf der Stelle, ob eine Situation bedrohlich ist oder nicht, ist wie ein Leibwächter, der uns blitzschnell in Sicherheit bringt. Das heißt, der Mandelkern entscheidet ohne Umschweife und ohne dass auch nur ein einziger bewusster Anteil des Gehirns daran beteiligt ist, ob man in einer bestimmten Situation einer Flucht- und Angstreaktion (Stammhirn) unterliegt oder ob man entspannt und gelassen (Frontallappen) bleiben kann. Die Amygdala ist tatsächlich wie ein Schalter, der zwischen den Gehirnteilen hin- und herschaltet.

Es gibt im Baby das überlebensnotwendige Bedürfnis einer Symbiose. Es gibt aber gleichermaßen das wachsende Bedürfnis, das, was es selbst kann, auch zu tun und unabhängig von der Mutter zu werden. Im gesunden, besten Fall übernehmen das heranreifende Gehirn und der sich entwickelnde Körper nach und nach die Funktionen, die die Mutter bislang ausführte. Das Kind wird, wenn es heranreift, von sich selbst abhängig, geht jeden Tag ein wenig mehr mit sich selbst eine Symbiose ein. Wenn man es lässt. Doch was geschieht, wenn eben dieses Unabhängigkeitsstreben zu Verlustangst bei der Mutter oder dem Vater führt? Was geschieht, wenn das Kind sich eben nicht frei entfalten darf, wenn es spürt, dass seine Heranreifung den Eltern emotionale Schmerzen verursacht? Was ist, wenn das Kind seine Gefühle, seine Vorlieben, das, was es will, nicht spüren kann, ohne dass die Eltern auf schmerzliche Weise darauf reagieren, oft genug ja selbst völlig unbewusst?

In den ersten Lebensjahren wird die Fähigkeit ausgebildet, für das eigene Überleben zu sorgen, für sich selbst einzustehen und sich selbst zu vertrauen. Darf das Kind das nicht frei und selbstbestimmt tun oder wird es nicht genügend geschützt, während es sich selbst ausprobiert, dann entwickelt sich diese Überlebensfähigkeit nicht optimal. Künstlich kleingehalten zu werden und sich nicht entfalten zu dürfen, damit man kontrollierbar bleibt, ist genauso schädlich für ein Kleinkind, wie ständig überfordert zu werden.

Wirst du als Kind auf die Dauer überfordert, dann bildest du einen emotionalen, mentalen und oft genug auch körperlichen Schutzpanzer aus, durch den du stark und unverletzlich wirkst. Weil du nun aber diesen Schutzpanzer hast, können sich deine wahren Stärken nicht mehr richtig entfalten, sie haben keine Zeit und auch keine Gelegenheit zu reifen. Du greifst im Bedarfsfall auf die erlernte Tapferkeit zurück, hältst durch und aus, statt die Dinge wirklich zu meistern und daran zu wachsen. Im Gehirn wird dein Überlebenszentrum nicht mit deiner sich entwickelnden Selbstbestimmung vernetzt, sondern es bleibt an deine Mutter oder deinen Vater gebunden. Du glaubst weiterhin, dass du stirbst, wenn du nicht mehr von ihr oder ihm versorgt wirst, und kannst nicht erkennen, dass du jetzt selbst für dich verantwortlich bist und auch sein kannst. Du erfährst schlichtweg nicht, dass du Stück für Stück für dich selbst sorgen kannst, wenn du das nicht darfst. Oder aber du lernst, dass du niemals bei jemandem sicher und geborgen bist, dass du dich selbst halten musst, auch wenn du das noch gar nicht kannst. In diesem Fall wird das Überlebenszentrum überstrapaziert, und du kannst dich nicht in aller Ruhe entwickeln. Du bist einfach ständig im Stress.

Gleichzeitig erfährst du, dass du anderen Schmerzen und ungute Gefühle bereitest, wenn du für dein Überleben sorgst oder wenn du deine Unabhängigkeit und deine Selbstbestimmung physisch, aber auch emotional und mental entwickelst. Du spürst, dass die dir nahestehenden Menschen, von denen du abhängig bist, in einen Mangel geraten, wenn du einfach du selbst bist und fühlst, was du fühlst, willst, was du willst, und denkst, was es eben in dir denkt. Also wirst du damit aufhören. Denn das System zu schützen, ist für dich als Kind wichtiger, als dich selbst frei zu entfalten. Du überlebst ja nicht ohne dieses System.

Wenn man sich mit Familiensystemen beschäftigt, dann ist es oft gar nicht zu fassen, wie viele Lasten die Kinder tragen, wenn es die Erwachsenen nicht bewusst selbst tun. Die Familiensystemiker sagen, dass Kinder das aus Liebe tun, und das stimmt sicher auch. Aber nicht nur. Sie können nicht anders, weil sie nicht zwischen ihren eigenen Gefühlen und denen anderer unterscheiden können. Warum ist das wichtig? Weil du, wenn du aus Liebe die Schmerzen anderer trägst und zu verarbeiten versuchst, nicht damit aufhören wirst, nur weil du das jetzt verstanden hast. Du liebst sie ja weiterhin. Wenn dir aber klar ist, dass du als Baby und Kleinkind nicht anders konntest, als dich mit den Gefühlen anderer zu verstricken, dann hast du die Erlaubnis, das heute in Ordnung zu bringen und noch einmal neu zu wählen, welche Schmerzen und Lasten du auf dich nehmen willst und welche nicht.

Schuldgefühle nun wollen dich massiv und ernsthaft daran erinnern, dass du für das System zu sorgen hast, damit es dich weiterhin tragen kann. Das klingt ein wenig absurd. Doch wenn man auf das Innere Kind schaut, dann stimmt es. Deine heutigen Schuldgefühle, egal, auf wen sie sich beziehen, kommen daher, dass du als Kind einen hohen Preis dafür zahltest, wenn du deinem Gefühl, deiner Selbstbestimmung und deinem eigenen Willen gefolgt bist. Du hast jemanden damit verletzt, zumindest hat man dir das gesagt, und du hast es gefühlt. Dieser Jemand war nicht in der Lage, die Verantwortung für seine eigenen Gefühle zu tragen. Oder aber er wurde nicht von denen beschützt, die dafür zuständig waren, falls es ein Geschwisterchen war, dessen Schmerz und Angst du nun trägst. Du hast versucht, diese unguten Gefühle zu vermeiden, und dein Verhalten dem angepasst, was von dir erwartet wurde. So einfach ist das, und doch ist es so vielschichtig, kompliziert und verdreht, dass man Schuldgefühle wirklich nur schwer ausmerzen kann. Ja, man kann noch einen Schritt weitergehen. Schuldgefühle sind das Ergebnis eines Verhaltens, welches das ungesunde System eines anderen schützt, meistens das einer ganzen Familie. Denn auch deine Eltern wuchsen mit Schuldgefühlen auf und deine Großeltern erst recht. Wer im Krieg groß wurde, kann gar nicht anders, als Schuldgefühle zu entwickeln, denn unüberlegtes kindliches Verhalten konnte die ganze Familie das Leben kosten.

»Soll sich die Mama für dich schämen?«
Nein, das soll sie auf gar keinen Fall. Es sagt eine Menge über die Mutter selbst aus, wenn sie sich für ihr Kind schämt, aber nichts über ihr Kind.

»Die Tante ist traurig, wenn du ihr kein Küsschen gibst.«
Das wird die Tante wohl aushalten müssen. Sie könnte sich zum Beispiel um ihr eigenes Inneres Kind kümmern, statt traurig zu sein.

»Psst, nicht so laut, du weißt doch, wie der Papa ist!«
Ja, das weiß das Kind. Warum darf der Vater so sein? Warum weist ihn niemand in seine Schranken? Warum beschützt niemand das Kind?

Natürlich deshalb, weil die Erwachsenen selbst im Inneren Kind hängen geblieben sind. Üblicherweise stehen statt zwei erwachsenen, gereiften und selbstverantwortlichen Menschen zwei groß gewordene Kinder da und versuchen, Eltern zu sein – mit all ihren Themen, Problemen und unbewussten Bedürfnissen. Da passiert es einfach, dass man die eigenen Bedürfnisse auf das kleine Kind überträgt. Vielleicht war es nicht anders möglich. Aber heute wissen wir darum und können es ändern. Deshalb liest du ja dieses Buch. Wenn du dein Verhalten änderst und diese Co-Abhängigkeit nicht mehr weiterträgst und somit auch nicht mehr weitergibst, ergibt das den entscheidenden Unterschied. Hast du sie schon weitergegeben, dann kannst du das wiedergutmachen. Wie, zeige ich dir am Ende des Buches.

Hast du nie etwas anderes gelernt, als zu funktionieren, damit andere nicht in emotionale Schwierigkeiten geraten, dann bist du im ständigen Stress. Du willst vermeiden, dass andere sich schlecht fühlen, doch dich selbst schlecht zu fühlen, ist für dein Gehirn auf die Dauer auch untragbar. Wenn du nun noch weißt, dass eine der ältesten und wichtigsten Funktionen deines Gehirnes die Schmerzvermeidung ist, dann kannst du dir vorstellen, wie viele unbewusste Tricks du anwenden wirst, um nie wieder andere zu verletzen, zurückzuweisen oder sie mit ihren eigenen unangenehmen Gefühlen alleinzulassen. Dazu brauchst du gar nichts beizutragen, dein Gehirn macht das ganz von selbst für dich.

Wenn du älter wirst, dein Gehirn zu reifen beginnt, versuchst du mit allen Mitteln, die Welt zu verstehen. Du ziehst aus dem, was dir das Leben anbietet und zumutet, Schlussfolgerungen und stellst Verhaltensregeln auf, um in Zukunft Schmerzen zu vermeiden. Du beginnst, dich selbst zu kontrollieren, und hast, weil dein Gehirn noch nicht herangereift war, teilweise merkwürdige Verträge geschlossen. Und du hast diese nie hinterfragt, weil auch sie unbewusst entstanden sind. Du hast versucht, die Defizite, die du vollkommen unbewusst, aber sehr deutlich gespürt hast, aufzufangen, um deine Eltern in die Lage zu versetzen, dich zu versorgen.

Du versprichst:

- »Papa, ich rette dich«.
- »Bruder, ich halte dich gesund und am Leben«.
- »Schwesterchen, ich beschütze dich vor unseren ungerechten Eltern.«
- »Ich sorge dafür, dass du dich nicht schämen musst.«
- »Papa, ich gebe dir, was du brauchst, damit du in der Familie bleiben kannst.«
- »Mama, ich mache es anders als du.«
- »Ich lebe das, was du nicht leben konntest.«
- »Ich bin der Junge, der du nie sein konntest und den du dir wünschst.« (Sogar, wenn du ein Mädchen bist.)

Und dem in Not geratenen Inneren Kind deiner Mutter oder deines Vaters oder auch dem Geschwisterchen versprichst du: »Ich beschütze dich. Ich rette dich, ich bin für dich da. Ich gebe mich selbst für dich auf.«
Daran kannst du nur scheitern.

Schuldgefühle dienen dazu, allen Schmerz, deinen und den des Inneren Kindes desjenigen, den du beschützt, zu vermeiden.

(Falls du dich mit spirituellen Themen beschäftigst: Natürlich gibt es auch echte Seelenverträge. Ein »Papa, ich rette dich« kann durchaus auf einer höheren Ebene vereinbart worden sein, und auf dieser höheren Ebene ergibt das auch Sinn. Doch versucht das Kind hier auf der Erde, den Papa zu retten, indem es dessen Themen auf sich nimmt, führt diese Verabredung nur zu Leid bei allen Beteiligten, weil sich Seelenabsprachen nicht auf emotionale Rettung beziehen.)

All das weißt du nicht, weil du es nicht bewusst mitbekommst. Das größte Trauma, das, was am tiefsten sitzt, ist die Beschämung. Scham erleben wir meistens sehr früh, und zwar zu einer Zeit, in der wir noch keine Sprache und erst recht noch keine Möglichkeiten haben, uns selbst zu beruhigen. Scham vernichtet uns. Im Gegensatz zur Schuld, bei der wir glauben, wir hätten etwas falsch gemacht (was ja manchmal auch stimmt), fühlen wir uns in der Scham komplett falsch, unsere gesamte Existenz steht infrage. Dieser Schmerz ist so immens, dass wir alles zu tun bereit sind, um das nie wieder fühlen zu müssen. Wir haben keine Chance, Scham auszumerzen, weil es nichts gibt, was wir wiedergutmachen könnten. Schämen wir uns für unsere Existenz, können wir uns als strikte Konsequenz nur selbst auslöschen. Wir sind als Kinder einfach vollkommen unserem emotionalen Erleben ausgesetzt, es gibt noch keine Filter und keine inneren bewussten Aufräumarbeiten. Es kann also sehr gut sein, dass du dich schuldig fühlst, einfach, weil du überhaupt da bist. Du trägst die Scham deiner Eltern, die Scham des Familiensystems, die Scham, die entsteht, wenn deine Geschwister beschämt wurden.

Was hat das noch einmal mit Schuldgefühlen zu tun? Ich kann das nicht oft genug sagen: Deine Schuldgefühle wollen dich zu einem bestimmten Verhalten zwingen, um deinen inneren bereits vorhandenen Schmerz, der meistens gar nicht dein eigener ist, in Schach zu halten. Sie zwingen dich dazu – und das sehr effektiv –, dich so zu verhalten, dass du dem Schmerz, den du trägst, nicht zu nahe kommst, damit er nicht berührt und ausgelöst wird.

Wurdest du als Kind nicht gehalten, nicht geschützt oder getröstet, dann befinden sich, bildlich gesprochen, in deinem Gehirn eine Menge hochexplosiver emotionaler Sprengsätze. Diese Sprengsätze sind doppelt und dreifach gesichert, es gibt Stacheldrahtzäune, damit sie ja nicht hochgehen und dich zerstören. Du hast ein komplexes Verhaltensmuster aufgebaut, damit du ja nie wieder diese Schmerzen und Ängste erleben musst. Tust du etwas, was dieses komplizierte Geflecht aus den Ansprüchen anderer berühren könnte, bekommst du Schuldgefühle. Diese sind der Stacheldraht, durch den du vor all dem Verdrängten, diesen Verletzungen und Ängsten, beschützt wirst. Daran, wie stark Schuldgefühle wirken, erkennst du, wie effektiv dich deine Schmerzvermeidung beschützt.

Besonders wenn wir als Kind Angst erleben, selbst wenn es überhaupt nicht unsere eigene ist, ja, selbst dann, wenn es gar keinen realen Auslöser dafür gibt, schlägt das Gehirn Alarm. Denn wenn jemand Angst hat, muss das Gehirn davon ausgehen, dass es Gefahr gibt. So, wie ein Tier unruhig wird, wenn wir als Halter in Angst geraten, reagiert ein Kind, wenn seine Bezugspersonen, die es schützen sollen, Angst verspüren. Das hat zwei Gründe. Erstens: Haben die Eltern Angst, dann sind sie (im Erleben des Kindes) offensichtlich mit einer Situation überfordert und können das Kind nicht schützen. Hat ein Geschwisterchen Angst, gilt das Gleiche, die Eltern können es offensichtlich nicht schützen. Zweitens: Angst überträgt sich sofort auf das Angstzentrum des Kindes, sie ist, wie wir wissen, geradezu ansteckend. Und selbst wenn es überhaupt keinen realen Auslöser gibt, reagiert das Gehirn mit der Ausschüttung entsprechender Hormone. Weil das Kind keine Chance hat, sich selbst zu schützen, schon gar nicht, wenn es nicht weiß, welche Gefahr eigentlich droht, verharrt das System in Alarmbereitschaft. Irgendwann entspannt es sich wieder, aber nicht vollständig, es bleibt in Habachtstellung. Passiert das zu oft, dann bleibt eine latente Grundangst bestehen.

Wenn du als Kind emotional überfordert warst, dann hast du dir aus den wenigen Informationen, die dir zur Verfügung standen, ein Weltbild gebastelt, das, wie schon öfter gesagt, auf Schmerzvermeidung beruht. Du funktionierst wie gewünscht, du verleugnest, was dich tatsächlich bewegt, nimmst weder deine Gefühle noch deine Wünsche und Träume zur Kenntnis und tust das, was die Situation eben erfordert, damit du nicht noch mehr verletzt wirst. Du bist tatsächlich ein Opfer der Umstände, die dir deine Eltern anbieten oder zumuten, denn du kannst dich nur anpassen, aber nicht eigenständig entscheiden und agieren. Du kannst nur verweigern oder funktionieren, mehr Möglichkeiten hast du nicht, wenn du nicht gehört wirst. Schuldgefühle bringen dich zu genau den Reaktionen, die von dir als Kind, zumindest gefühlt, erwartet wurden.

Niemand hat dir je gesagt, dass du nun erwachsen bist und damit die Verantwortung für dich und deine Entscheidungen nicht nur selbst übernehmen darfst und sollst, sondern, und das ist der Knackpunkt, auch KANNST. Dein Gehirn ist aufgrund seiner Reifung in der Lage, die Dinge zu überblicken und die Verantwortung, die du auf dich nimmst, zu überschauen. Wenn du das aber nicht üben durftest, wenn du nicht nach und nach in deine Selbstbestimmung geführt wurdest, wenn dir nicht erlaubt wurde, eigene, auch unbequeme Entscheidungen zu treffen, ohne dass sofort Schmerz durch Liebesentzug, Ärger, Enttäuschung oder Gleichgültigkeit die Folge war, dann weißt du gar nicht, dass du es nun kannst. Du verwechselst das anstrengende, von dir selbst abgeschnittene, funktionierende Wesen, zu dem du geworden bist, mit dem echten Erwachsenen, der seine eigenen Entscheidungen trifft und sowohl Ja als auch Nein sagen kann und darf.

Deshalb hier eine Liste mit den Rechten, die du als Erwachsener hast und für dich in Anspruch nehmen darfst, nur, damit es dir endlich einmal jemand sagt:

- Du hast das Recht, Nein zu sagen, wenn dir eine Situation nach sorgfältiger Prüfung und weil sie nicht dem Leben dient gegen den Strich geht.

- ★ Du hast das Recht, Ja zu sagen, wenn dir eine Situation sinnvoll und dem Leben dienend erscheint.
- ★ Du hast das Recht, deine (gesunde) innerste Wahrheit zu deiner Handlungsgrundlage zu machen, ob sie anderen gefällt oder nicht.
- ★ Du hast das Recht, die Konsequenzen all deiner Entscheidungen zu tragen und auf dich zu nehmen.
- ★ Du hast das Recht, dich vollkommen verantwortlich für dich und dein Leben zu fühlen und alles zu tun, was dich und dein Leben nährt und schützt.
- ★ Du hast das Recht, für all das einzustehen, was dir heilig ist und innig am Herzen liegt, egal, ob es jemand anderem gefällt oder nicht.
- ★ Du hast das Recht, genau und sorgfältig zu denken.

Warum schreibe ich so oft von sorgfältiger Prüfung? Weil es beim Erwachsensein genau darum geht. Du beziehst alle dir zur Verfügung stehenden Informationen mit ein und überprüfst sie sorgsam – denn die Konsequenzen trägst du auch! Du machst dir die Mühe, die Informationen, die dir noch fehlen, einzuholen, und bist in der Lage, ein inneres »Ich weiß es noch nicht« auszuhalten. Du triffst deine Entscheidungen achtsam und nicht aus Angst und Schmerzvermeidung, sondern im Dienst am Leben. Und du versteckst dich niemals hinter billigen Ausreden und Argumenten, sondern bist verfügbar und verantwortungsbewusst – auch das im Dienst am Leben.

Und das Kind in dir, was darf das?

- ★ Wenn jemand gemein zu dir ist, dann darfst du weinen, und du brauchst nicht mehr zu ihm hinzugehen.
- ★ Du darfst dir Zeit nehmen, einfach einmal nichts zu tun, sondern nur den Wolken zuzuschauen und Blumen zu pflücken.
- ★ Du darfst Fehler machen und dich selbst ausprobieren.
- ★ Wenn dir etwas keinen Spaß macht, dann höre damit auf.
- ★ Gehe zu Menschen, die dich umarmen, die dich lieb haben und denen du deine Liebe uneingeschränkt zeigen kannst und darfst.
- ★ Du darfst albern sein, und du musst dich nicht ständig selbst erklären.
- ★ Wenn du etwas nicht kannst, dann bitte um Hilfe. Erinnere dich daran, dass du nicht alles alleine zu machen brauchst.

Du merkst, dass der innere Erwachsene und das Innere Kind aufgrund ihrer so unterschiedlichen Bedürfnisse völlig unterschiedliche Rechte haben. Wie vereinbart man das nun? Was machst du, wenn das Kind in dir Angst vor deinem Chef hat und alles versucht, um es ihm recht zu machen, der Erwachsene aber, der zur Arbeit geht, eine etwas vernünftigere und neutralere Handlungsgrundlage braucht? Wir reden gleich darüber. Ich möchte dir aber zunächst eine Möglichkeit geben, die alten Verträge, die du noch bedienst, loszulassen, auch wenn sie dir vielleicht nicht bewusst sind, als eine Art Grundreinigung.

Innere Reise: Alte Verträge loslassen

Du erlaubst es dir, bequem zu sitzen oder zu liegen. Es gibt nichts mehr für dich zu tun, du brauchst niemandem zu gefallen, es niemandem recht zu machen, du bist hier ganz und gar nur für dich. Alles ist gut. Und weil das so ist, kannst du ein wenig mehr die Kontrolle loslassen, als du das üblicherweise tust.

Stelle dir nun vor, es gäbe ein Tor, das du mühelos durchschreiten kannst. Das kann ein romantischer Torbogen sein, aber auch ein schlichtes Gartentor. Die Hauptsache ist, du stellst dir vor, dass du in eine andere Welt eintrittst. Das ist die Welt deines Unterbewusstseins. Hier haben die Dinge eine andere, tiefere Bedeutung, es ist die Welt der Symbole und der Magie. Hinter diesem Tor findest du einen Weg, der dich durch eine parkähnliche Landschaft führt. Sie ist wunderbar harmonisch. Es blüht und grünt, es gibt Springbrunnen, Wasserfälle, große Bäume, wunderschöne Blumenbeete, und du entspannst dich in dieser sehr gesunden Landschaft. Der Weg führt dich auf ein Haus zu, eine Villa, ein altes Bauernhaus, vielleicht sogar ein Schloss. Du betrittst dieses Gebäude, stehst in einem prachtvollen Eingangsbereich, was immer für dich »prachtvoll« bedeuten mag.

Du beginnst einen Rundgang durch dieses Haus und gelangst zu einer Bibliothek, in der es Unmengen von Akten gibt. Diese sind beschriftet und fein säuberlich geordnet. Auf der einen steht »Seelenverträge«, auf einer anderen »Der Vertrag mit der Erde«, und da steht sogar »Der Pakt mit dem Teufel«. Außerdem gibt es Inkarnationsverträge und Absprachen mit der höchsten Schöpferkraft. Einige dieser Ordner sind prall gefüllt, andere fast leer. Du spürst die immense, belebende Kraft, die von diesen Verträgen ausgeht, sie schimmern und leuchten oder scheinen zu summen. Du bleibst ehrfürchtig stehen. Solltest du hier tatsächlich das finden, was dich im Innersten bewegt und vorantreibt?

Auf einmal bemerkst du an einem Schreibtisch in einer Ecke eine Wesenheit. »Ich hüte all diese Verträge«, sagt sie. »Ich achte darauf, dass du sie einhältst, und ich sortiere sie aus, wenn sie erfüllt sind. Es ist gut, dass du endlich kommst. Es gibt Arbeit zu erledigen, die ich ohne dich nicht verrichten kann.« Das Wesen öffnet eine Tür, und du betrittst einen uralten Raum. Hier quellen die Regale vor Akten über. Es sind auf Papier oder Papyrus niedergeschriebene, zum Teil sogar in Stein gemeißelte Verträge. Einige Verträge und Absprachen bestehen aus Symbolen. Das Wesen sagt: »Das sind all die emotionalen Verträge, die du eingegangen bist. Emotionale Verträge dienen immer dazu, andere vor ihren eigenen Schmerzen zu beschützen. Ich kann sie aussortieren, aber ich kann sie nicht löschen oder vernichten. Solange sie hier lagern, haben sie Kraft. Sie wirken weiterhin in deinem Leben, manche stören sogar erheblich deine Entfaltung. Vernichten musst du sie selbst, dazu bin ich nicht befugt.« Und tatsächlich, auch diese uralten Verträge summen und leuchten, du siehst sogar, wie eine Art Energiefäden aus ihnen herauswabern. Es ist, als griffen die Verträge nach dir. Du spürst, wie müde du wirst, und doch bleibst du konzentriert und aufmerksam. »Sei unbesorgt«, sagt das Wesen. »Du kannst sie dir anschauen, ich beschütze dich.« Und wirklich, du spürst einen schützenden Lichtschimmer um dich herum, während dieses Wesen in deiner Nähe ist.

Vielleicht möchtest du nun in den einen oder anderen vergilbten, verstaubten Vertrag hineinschauen. Du greifst in das Regal, blätterst Verträge auf, nimmst dir Zeit, sie zu lesen. Ein Schimmern in einem etwas abgelegenen Regal zieht deine Aufmerksamkeit wie magisch an, auch wenn es dich gleichzeitig abstößt. »Was ist das für ein Vertrag?«, fragst du das Wesen. »Es ist jener, der dich in deinem erwachsenen Leben noch immer am meisten beeinflusst, obwohl er schon seit

Langem aussortiert wurde«, sagt es. »Es wird dringend Zeit, dass du ihn vernichtest, denn dieser Vertrag verhindert, dass du frei und selbstbestimmt leben kannst.«

Du weißt vielleicht nicht, wie du diese Fülle von Verträgen loswerden sollst, und so fragst du die Wesenheit: »Wie kann ich denn diese Verträge vernichten?« Das Wesen antwortet: »Es genügt vollkommen, wenn du entscheidest, dass diese Verträge vernichtet werden. Sage laut: ›Ich trenne mich von diesen Verträgen, jetzt.‹ Wenn du diesen Satz laut aussprichst, dann geschieht das von ganz allein, mehr gibt es nicht zu tun.« Und so finde jetzt den Mut, laut auszusprechen: »Ich trenne mich von diesen Verträgen, jetzt.« Sprich den Satz wirklich laut aus. Alle Verträge, die erfüllt sind, dürfen jetzt endgültig vernichtet und gelöscht werden. Und nun schaue, was geschieht, nachdem du diesen Satz ausgesprochen hast. Nimm wahr, was passiert, und erlaube es. Vielleicht zerfallen die Verträge auf einmal zu Staub, verbrennen, ein Licht fegt durch den Raum, oder der ganze Raum löst sich komplett auf. Du spürst eine tiefe Befreiung. Es ist, als lösten sich auch in dir nun viele Spannungen und Fesseln einfach mit auf.

Sage der Wesenheit: »Ich danke dir sehr dafür, dass du meine Verträge so gut gehütet hast. Lasse es mich von nun an bitte wissen, wenn wieder etwas gelöscht werden soll.« Die Wesenheit antwortet: »Ich lasse dich das schon die ganze Zeit über wissen. Es ist dieses ungute Gefühl, das du hast, dieser Widerstand, wenn du etwas tust, was dir gegen den Strich geht.

Daran erkennst du, dass ein alter Vertrag aufgelöst werden sollte. Komme dann einfach zu mir, sage mir, ich soll ihn löschen, und ich lösche ihn. Dazu musst du den Vertrag nicht einmal kennen, du brauchst mich auch nicht jedes Mal zu sehen. Ein kurzer Gedanke genügt, ich höre dich.«
Tief im Frieden mit dir verlässt du das Gebäude, und du weißt, dass du gut beschützt und behütet bist und dass du fähige Helfer an deiner Seite hast. Und weil das so ist, kannst du jetzt ganz beruhigt durch das Tor in den Raum zurückkehren, in dem du dich befindest. Wisse, alles ist gut.

Fürsorge für das Innere Kind übernehmen

Wie sorgt man aber nun für das Innere Kind, was braucht es? Nun, es braucht genau das Gleiche wie ein wirkliches Kind, nämlich Sicherheit und Fürsorge.

In meinen Seminaren nutze ich eine Handpuppe, um mit dem Inneren Kind zu sprechen, so eine, wie sie Bauchredner haben. Diese Handpuppe verkörpert das Innere Kind. Was könnte sie sagen? »Ich will, dass du mich siehst und auf mich aufpasst, ich mache immer, was alle mir sagen, und das ist blöd. Ich weiß manchmal

gar nicht, was alle von mir wollen, und ich mache dies und das, aber ich weiß nicht, was ich eigentlich selbst will und schon gar nicht, warum alle überhaupt etwas von mir wollen. Ich will einfach nur in Ruhe gelassen werden. Niemand sieht mich so, wie ich wirklich bin.«
Klingt das ein wenig vertraut? Vielleicht redet dein Inneres Kind auch gar nicht, denn oft sind die Inneren Kinder so verschüchtert, dass sie nur betreten schweigen, wenn man sie anspricht. Wenn ich in den Seminaren die Innere-Kind-Handpuppe befrage, dann wendet sie oft einfach nur das Gesicht ab oder vergräbt das Gesicht an der Schulter. Zugegeben, eine Handpuppe zu nutzen, ist schon eine große Herausforderung. Nehmen wir die Übung zunächst eine Nummer kleiner.

Übung: Kontakt mit dem Inneren Kind aufnehmen

Diese Übung kennst du bereits, wenn du einige meiner Bücher gelesen oder Erfahrung in der Gestalttherapie hast. Kennst du sie nicht, dann darf ich sie dir hier vorstellen:
Nimm dir zunächst etwas zum Schreiben oder ein Aufnahmegerät. Stelle zwei Stühle einander gegenüber. (Du kannst auch zwei Kissen auf den Boden legen.) Auf dem einen sitzt du, auf dem anderen sitzt dein Inneres Kind so, wie es sich jetzt zeigen will. Das kann immer wieder anders sein. Stelle dir das einfach vor, das geht ganz leicht. Du brauchst es weder zu sehen noch zu spüren, es genügt, wenn du denkst, es könnte da sitzen.

Setze dich nun auf deinen Stuhl, den Stuhl des Erwachsenen, der du heute bist. Wie geht es dir damit, dass dir dein Inneres Kind gegenübersitzen könnte? Stelle dir nun vor, das Innere Kind, das immer noch die Gefühle der anderen schonen will, das immer noch dafür sorgt, dass es jedem gut geht, sitzt dir gegenüber. Was verändert sich nun? Es kann gut sein, dass du traurig wirst oder dich abwenden willst. Spüre das, aber bleibe da. Brich die Übung bitte nicht ab, alles ist besser, als jetzt aufzustehen und zu gehen.

Nun setze dich auf den Stuhl des Inneren Kindes. Doch, das kannst du. Du brauchst nichts Besonderes zu spüren, aber bestimmt bekommst du eine Erinnerung oder einfach ein plötzliches Wissen darum, was dich tief innen bewegt. Schreibe das auf, oder sprich es in dein Aufnahmegerät. Mein Inneres Kind sagt: »Ich will niemandem Umstände machen, ich will nicht kompliziert sein.« Es sitzt da und atmet kaum, versucht, auf keinen Fall anstrengend zu sein, sondern das Familiensystem auszugleichen und zu beruhigen. Das wundert mich nicht, denn meine Eltern hatten oft Krach, und sie ließen sich schließlich auch scheiden. Die kleine Sanne versuchte einfach, nicht noch zusätzliche Probleme zu bereiten, meine Mutter war sowieso schon völlig überfordert. Und das tut die Kleine in mir heute noch.

Wie geht es deinem Inneren Kind, was sagt es? Setze dich dann noch einmal auf den Stuhl des Erwachsenen. Was hat sich hier verändert? Bestimmt verstehst du nun schon ein we-

nig besser, warum du oft nicht sagen kannst, was du willst, und versuchst, es anderen recht zu machen.
Sage nun laut zu deinem Inneren Kind auf dem Stuhl dir gegenüber: »Ich höre dich, ich sehe dich, und ich nehme dich wahr. Du bist mir wichtig, und ich bin bei dir.« Doch, sage es bitte laut, egal, wie du dir dabei vorkommst.
Setze dich dann noch einmal auf den Stuhl deines Inneren Kindes. Wie geht es dir nun, hat sich schon etwas verändert? Wenn nicht, ist das völlig in Ordnung. Aber womöglich kannst du besser atmen, kannst die Augen besser öffnen, oder du entspannst dich ein wenig.
Beende die Übung, indem du dich noch einmal auf den Stuhl des Erwachsenen setzt. Wie geht es dir jetzt?
Du kannst diese Technik jederzeit nutzen, wenn du in Kontakt mit deinem Inneren Kind kommen willst. Besonders hilfreich ist die Übung, wenn du wissen willst, was dein Inneres Kind tatsächlich in Bezug auf eine bestimmte Situation fühlt und will.

Du hast nun einen ersten Eindruck von deinem Inneren Kind bekommen, und sicher wird dir bewusst, wie tief dieses ungesunde, automatische Funktionieren in dir angelegt ist. Es ist wirklich schwierig, zu spüren, was du willst, wenn du gelernt hast, so gut die Bedürfnisse der anderen statt deiner eigenen wahrzunehmen. Doch erkenne bitte: Die Bedürfnisse der anderen über deine eigenen zu stellen, erfüllt das tief sitzende Bedürfnis deines Inneren Kindes nach Sicherheit. Letztlich dienst du dir also dennoch selbst, und das ist eine sehr gute Nachricht. Es zeigt nämlich, dass dein Selbsterhaltungssystem gut funktioniert. Es braucht nur eine Art Update. Es weiß noch nicht, dass du erwachsen bist und nun selbst für deine Sicherheit sorgen kannst. Das weißt du vermutlich noch nicht einmal selbst. Wie auch, wenn du es noch nicht erfahren und geübt hast?

Dass dein Selbsterhaltungssystem gut funktioniert, stimmt, aber leider nicht nur. Ich habe schon ein paar Mal gesagt, dass Babys und Kleinkinder nicht zwischen ihren eigenen und den Gefühlen anderer unterscheiden können. Sie leiden also im wahrsten Sinne des Wortes unter den Gefühlen eines anderen. Das ist fatal, denn, wie gesagt, das Gehirn versucht, etwas zu verarbeiten, was gar nicht zu ihm gehört. Dieser Dauerstress und dieses ständige Mitleiden hören nicht einfach deshalb auf, weil du erwachsen wirst. Mitleid, das weißt du, hat nichts mit Mitgefühl zu tun. Im Mitleid spürst du wirklich die Gefühle des anderen – ungefiltert. Bist du im Mitgefühl, dann sendest du ihm deine Anteilnahme, aber du spürst dich selbst, nicht ihn. Ein Kind kann nur mitleiden, es löst sich förmlich im Leid des anderen auf, zumindest so sehr, wie seine Widerstandskraft das erlaubt. Diese Widerstandskraft, die Resilienz, ist eine sehr wichtige und äußerst wertvolle Kraftquelle, die wir uns nun einmal genauer anschauen.

Innere Reise: Resilienz erkennen und stärken

Du machst es dir bequem, entspannst dich und erlaubst dir, dich sicher zu fühlen. Es gibt nichts mehr für dich zu tun, als deinen inneren Bildern zu vertrauen, deine Wahrnehmungen anzuerkennen und ihnen zu glauben. Vor deinem inneren Auge entsteht eine Lichtsäule, eine strahlende Säule aus reinem Licht. Diese Lichtsäule ist sehr klar und kraftvoll, und sie hat eine ganz bestimmte Farbe. Sie vibriert förmlich vor Lebendigkeit und Stärke.

Es kostet dich ein wenig Mut, doch du entscheidest dich, in diese besondere Lichtkraft einzutreten. Du machst also einen Schritt – und stehst in diesem so kraftvollen Lichtstrom. Augenblicklich vibriert dein ganzer Körper, jede deiner Zellen schwingt. Und augenblicklich fällt alles von dir ab, was nicht zu dir gehört, so, als sorge die Lichtkraft dafür, dass du es geradezu abstößt. Selbst das, was du gern für andere in dir bewegen und hüten willst, fällt von dir ab. Du spürst wirklich nur noch dich, was sich möglicherweise ganz und gar ungewohnt anfühlt. Deine Energie zieht sich in sich selbst zurück, und du entspannst dich. Erlaube, dass dieser Prozess passiert, du brauchst nichts zu tun.

Überall da, wo du mehr Widerstandskraft brauchst, strömt diese Lichtkraft nun in dich ein – besonders in dein Herz. Du spürst, wie sich etwas in dir verändert – du bekommst deine energetische Form zurück, deine Schwingung. Gleichzeitig spürst du, wie Wärme und Licht aus der Erde in dich einfließen und dich stabiler werden lassen. Es kann sein, dass sich das sehr ungewohnt anfühlt, besonders, wenn du sonst sehr durchlässig bist und sehr mitfühlend, doch erlaube das bitte. Es ist wirklich wichtig, dass du stabiler und widerstandsfähiger wirst. Ganz von selbst stärkt die Lichtsäule deine Widerstandskraft, ganz von selbst festigt sie dein gesundes, unverletztes, ursprüngliches System. Alle Verformungen fallen von dir ab, und du kehrst zurück in deine natürliche Form, spürst dich in deiner natürlichen Schwingung.

Erlaube nun, dass sich dir eine mit Schuldgefühlen oder der Vermeidung von Schuldgefühlen belastete Szene aus deiner Vergangenheit zeigt, entweder eine, in der du ein Kind bist, oder eine, in der du zwar bereits erwachsen bist, aber noch wie ein Kind gefühlt und reagiert hast. Lasse die Szene einfach auftauchen, du brauchst sie dir nicht auszudenken. Vielleicht fällt dir auch eine bestimmte Szene ein, die sich immer wiederholt und in der du regelmäßig hilflos bist.

Sieh dich in dieser Szene, und nun stelle dir vor, das farbige Licht deiner Widerstandskraft flösse in dein jüngeres Ich, in das Kind, das du einst warst, oder in dich als jüngerer Erwachsener. Was verändert sich dadurch? Vielleicht erlebst du, wie du als Kind aus der Erstarrung erwachst und sagen kannst, was du willst und brauchst. Vielleicht bist du als Erwachsener

weniger emotional, kannst klarer und nüchterner handeln. Bleibe so lange in dieser Lichtsäule deiner Widerstandskraft stehen, bis du dich satt und von ihr genährt fühlst. Sie steht dir immer zur Verfügung, und zwar in genau der Farbe, die du gerade brauchst. Das kann immer die gleiche Farbe sein, aber auch jedes Mal eine andere.
Komme dann in deiner Zeit wieder in den Raum zurück, in dem du dich befindest.
Wichtig ist: Diese spezielle Lichtsäule durchströmt dich mit Widerstandskraft, mit Stabilität. Sie stärkt dich und gibt dir das Gefühl, mehr bei dir zu sein.

Du kannst diese Übung auch auf eine andere Weise ausführen: Stelle dir dazu einfach vor, deine Resilienz bilde ein Kraftfeld, das du auf dem Boden vor dir spürst. Kannst du das nicht gut, dann schreibe »Resilienz« auf einen Zettel, und lege ihn vor dich. Stelle dich dann auf das Kraftfeld oder auf den Zettel. Wie fühlt sich das an? Erlaube, dass dir innere Bilder kommen, wenn du das möchtest.

Wenn du widerstandsfähiger bist, dann lässt du dich besonders in emotionaler, aber auch in mentaler Hinsicht nicht mehr so leicht verformen, das hast du verstanden. Was aber, wenn du genau dieses Verformen für dich zur Kunstform erhoben hast, wenn du dich darüber definierst, sehr leicht in andere hineinspüren zu können? Es ist im Moment Mode, sehr schnell und einfach die Energien anderer spüren zu können, ja, es ist in bestimmten Kreisen geradezu ein Entwicklungsziel. Je schneller und leichter du andere spürst, desto »lichtvoller« scheinst du zu sein. Vielleicht tun wir uns aber damit keinen großen Gefallen. Natürlich ist es wunderbar, wenn du feinfühlig bist. Aber es ist auch wunderbar, wenn du bei dir bleiben kannst und dich selbst nicht ständig in anderen verlierst, oder? Alles zu seiner Zeit. Mir geht es darum, dir eine Wahl zu ermöglichen. Entscheidest du, dass du in einer Situation lieber stabil und widerstandsfähig bleiben willst, dann stelle dich in die farbige Lichtsäule deiner Resilienz. Willst du dagegen Energien spüren, die nicht deine eigenen sind, dann erlaube dir für einen Moment, durchlässig zu sein. Komme aber danach wieder zurück in deine eigene Schwingung, und bleibe für eine genügend lange Zeit da. Du schadest dir selbst sonst auf die Dauer.

Was ist der Unterschied zwischen Resilienz und Erdung? Resilienz sorgt dafür, dass du weniger verformbar oder elastischer wirst, dass du schnell wieder in deine natürliche Schwingung zurückkommst, wenn du fremden Einflüssen ausgesetzt warst – vor allem psychischen Einflüssen. Es ist eine sich an sich selbst erinnernde Heilkraft, die dafür sorgt, dass du dich zwar für einen Moment verbiegen kannst, aber schnell wieder in deine ursprüngliche Form zurückkehrst. Erdkraft dagegen bedingt deine Fähigkeit, hier auf der Erde wirksam zu werden, das, was dir wichtig ist, erfolgreich zu verwirklichen, stabil und fest als Mensch (oder als Seele) im Körper zu sein. Du kannst stabil und fest hier sein und dich dennoch emotional schnell verbiegen lassen. Du kannst in emotionaler Hinsicht gut in deiner natürlichen Schwingung leben und dennoch nicht richtig geerdet sein. Erdung und Resilienz stärken und unterstützen sich gegenseitig, hängen aber nicht zwingend voneinander ab.

Wir haben vorhin darüber geredet, dass du sehr wahrscheinlich das Innere Kind eines anderen zu retten versuchst. Wie wäre es, wenn wir dieses Innere Kind, jenes, welches du zu retten versprochen hast, einmal auf den Stuhl dir gegenüber setzen? Du musst dazu nicht wissen, um welches Innere Kind es sich handelt. Sei einfach offen dafür, dass du womöglich eines oder auch mehrere adoptiert hast. Du versuchst also nicht nur, deinen eigenen Schmerz zu verarbeiten, was wirklich genug wäre, sondern auch den der Inneren Kinder, für die du dich verantwortlich gezeichnet hast. Und weil wir so gestrickt sind, generalisiert sich so ein Verhalten, bis du am Ende jedes ungehütete Innere Kind zu retten versuchst, das dir über den Weg läuft. Das sind eine Menge, das kannst du dir vorstellen.

Übung: Das fremde, in Not geratene Innere Kind erleben

Stelle wieder zwei Stühle einander gegenüber. Auf dem einen sitzt du, auf dem anderen sitzt das fremde Innere Kind, das du zu retten versuchst. Sicher gibt es mehrere Innere Kinder, so wiederhole diese Übung bitte öfter. Jetzt sitzt hier aber nur eines, eben jenes, welches sich gerade jetzt zeigen will.

Du setzt dich zunächst auf deinen eigenen Stuhl. Wie geht es dir hier? Nimm dich wahr, nicht dein Gegenüber. Fällt dir die Übung schwer, was gut sein kann, dann bitte jemanden, dir zu helfen, der sich mit Familien- oder Systemaufstellungen auskennt und gut in Energiefelder hineinspüren kann. Dieser Helfer setzt sich auf den Stuhl des fremden Inneren Kindes dir gegenüber.

Hast du keinen Helfer, dann setze dich nun selbst auf den Stuhl dir gegenüber. Nimm wahr, wie es dir hier geht und welche inneren Bilder, welche Erinnerungen du bekommst. Wer könntest du sein? Rate nicht lange herum, wenn du es nicht spürst. Dann spürst du es eben nicht. Es kann gut sein, dass dir in wenigen Augenblicken klar wird, wessen Inneres Kind du hütest oder nicht verletzen willst.

Frage dich nun selbst, noch während du auf dem Stuhl des fremden Inneren Kindes sitzt: »Wie sorge ich für dieses Innere Kind, was tue ich, oder was lasse ich?« Stehe dann auf, und setze dich wieder auf deinen Stuhl. Hier findest du die Antwort auf die Frage. Nimm genau wahr, welche Erinnerungen und inneren Bilder sich dir zeigen. Du denkst auf einmal an eine Szene, die dir vielleicht abwegig erscheint, doch nimm dich und deine Ahnungen bitte ernst.

Mehr als diese vagen Ahnungen, diese inneren Andeutungen, haben wir alle nicht, und es ist klug, dir selbst zu glauben. Je mehr du dir einfach glaubst, desto deutlicher werden auch deine Wahrnehmungen – natürlich, denn du nimmst sie für wahr. Dadurch werden die Zonen im Gehirn, mit denen du diese Energiefelder spürst, besser mit anderen Bereichen (zum Beispiel dem Sprachzentrum) verschaltet, und deine Ahnungen erscheinen dir immer realer. Je besser Gehirnbereiche miteinander verschaltet sind, je mehr Nervenbahnen sich also gebildet haben, desto realer und wirklicher erscheint uns der verschaltete Lebensbereich. Um das besser zu verstehen, kannst du dir dein Gehirn als Globus vorstellen: Die Städte Europas wären für dein Gehirn weitaus realer als ein unerforschter Teil im Amazonasgebiet, weil sie durch sehr schnelle Verbindungen miteinander in Kontakt stehen. Reist du nun, bildlich gesprochen, öfter zum Amazonas, zu dem Teil, in dem du Energiefelder bewusst wahrnehmen kannst (unbewusst spürst du sie sowieso), dann bilden sich Verkehrswege, du baust eine Straße, du erschaffst eine Flugverbindung. Glaube dir also, mehr will ich dir damit nicht sagen.

Ergibt das, was du wahrnimmst, für dich Sinn? Erkennst du, wie dein Verhalten dafür sorgt, dass sich das fremde Innere Kind nicht mehr so allein fühlt?

Ein Beispiel: Eine Klientin bekam immer vage Schuldgefühle, wenn sie Dinge anders tat, als ihr Vater sie ihr gezeigt hatte. Sie musste wirklich mit sich selbst ringen, um ihre eigenen Herangehensweisen zu entwickeln, und hatte dabei immer das Gefühl, ihren Vater zu verraten, selbst wenn es sich um so einfache Dinge wie das Straßefegen handelte. Sie setzte sich während dieser Übung auf den ihr gegenüberstehenden Stuhl und erkannte: Sie beschützte das verlorene Innere Kind ihres Vaters, der von seinem eigenen Vater nicht anerkannt worden war. Das Innere Kind wirkte sehr verloren und traurig. Es sagte: »Keiner will mich«, und das stimmte auch. Meine Klientin nun sorgte für ihren Vater, indem sie alles genau so machte, wie er es für richtig hielt. Das hatte sicher zum großen Teil auch damit zu tun, dass sie seinen Zorn nicht auf sich ziehen wollte, daran hatten wir schon oft gearbeitet. Aber in dieser Sitzung spürten wir deutlich, dass sie immer noch versuchte, ihm alles recht zu machen, damit sich sein Inneres Kind nicht abgelehnt fühlte. Wenn sie alles so machte, wie er es wollte, dann stellte sie ihn nicht infrage, zog ihn nicht in Zweifel. Dabei hätte ihr Vater sehr gut damit klar-

kommen können, wenn sie die Dinge anders gehandhabt hätte als er. Doch die Schuldgefühle kamen, wenn sie anders handelte, als er es getan hätte. Sie sorgten dafür, dass sie sein Inneres Kind nicht infrage stellte, damit dieses sich nicht weiterhin abgelehnt und nicht gesehen fühlte. Indem sie die Straße genau so fegte, wie er es ihr gezeigt hatte, hielt sie dem verlorenen Inneren Kind die Treue.
Das Beispiel mag banal klingen. Aber dieser Zustand beeinträchtigte das Leben meiner Klientin sehr, denn sie war immer und ständig bestrebt, es ihrem Vater recht zu machen, selbst wenn dieser weit weg wohnte. Freie Entfaltung sieht anders aus.

Willst du ein anderes Beispiel, ein extremes? Eine Klientin war von ihrem Großvater regelmäßig sexuell missbraucht worden. Sie war als Patientin ab und zu in Kliniken, arbeitete aber auch selbst als Therapeutin mit missbrauchten Frauen und Mädchen. Sie hütete all die missbrauchten Inneren Kinder ihrer Klienten und der Mitpatienten in den Kliniken, außerdem das ihrer Mutter, die selbst vom Vater missbraucht worden war. Auch der Mutter war nie geglaubt worden. Sie hatte den Missbrauch so sehr verdrängt, dass sie ihrem eigenen Kind nicht zugehört hatte und es in die Obhut ihres Vaters gegeben hatte.

Meine Klientin nun erlaubte sich nicht, ihre Schmerzen loszulassen und, bildlich gesprochen, das emotionale Katastrophengebiet zu verlassen. Sie befürchtete, sonst all die Inneren Kinder im Stich zu lassen. Das Bild, das sie hatte, war: Auf der einen Seite gab es verbrannte Erde, es sah aus wie auf einem Schlachtfeld, überall irrten Kinder umher. Auf der anderen Seite gab es eine wundervolle Blumenwiese, Sonnenschein und Tiere. Dazwischen gähnte ein tiefer Abgrund. Sie sagte, sie wüsste, wie man Brücken über diesen Abgrund baute, und das stimmt auch. In einer Sitzung sagte sie, dass sie sich selbst aber nicht erlaubte, dauerhaft auf der Blumenweise zu leben, weil sie sonst den umherirrenden Kindern, die noch im emotionalen Katastrophengebiet lebten, nicht helfen könnte. Sie hatte Schuldgefühle, wenn es ihr gut ging, weil die Inneren Kinder, die sie hütete, so verletzt waren.

Die Lösung war ganz einfach. Ich gab ihr zu verstehen, dass sie den Inneren Kindern sehr viel besser helfen konnte, wenn sie auf der Seite mit der Blumenwiese stand und die umherirrenden Kinder von da aus auf sich und das schönere Leben aufmerksam machte. Ich sagte ihr, dass sie durchaus bewusst ab und zu in das Katastrophengebiet gehen könne, um die Kinder einzusammeln. Anstatt selbst weiterhin dort vor sich hinzuvegetieren, sei es aber viel sinnvoller, auf der Blumenwiese zu leben und den verletzten Inneren Kindern zu zeigen, dass trotz allem ein einigermaßen friedliches und stabiles, manchmal sogar ein glückliches Leben möglich sei.

Diese Übung kannst du immer dann nutzen, wenn du Schuldgefühle hast. Nimm dir dann einen Moment Zeit, stelle zwei Stühle auf, und bitte darum, dass sich dir das (fremde) Innere Kind zeigt, das du durch ein bestimmtes Verhalten zu beschützen versprochen hast.

Das Innere Kind in Sicherheit bringen

Und nun? Jetzt weißt du, wen du beschützt. Hörst du jetzt einfach damit auf? Nein, denn der Schmerz des fremden Inneren Kindes ist ja noch da. Natürlich kannst du die Formel sprechen: »Ich lasse deines bei dir, und ich nehme meines zu mir zurück«, wie du es im Buch »Ich lasse deines bei dir«* lernst. Doch meistens ist es damit nicht getan, wenn du wirklich das Innere Kind eines geliebten Menschen hütest. Gehen wir ein wenig weiter. Bringen wir es in Sicherheit.

---

* Susanne Hühn: Ich lasse deines bei dir – Co-Abhängigkeit erkennen und lösen, Schirner Verlag.

Dazu brauchen wir ein paar Hilfskräfte, die dich womöglich befremden oder gar abschrecken, wenn du nicht besonders spirituell bist. Erinnerst du dich an deine frühe Kindheit? Glaubtest du an Engel, an das Christkind oder an eine deiner Religion zugehörige höhere Kraft, die dich beschützt und dich liebt? Ich hoffe sehr. Kinder tun so etwas, sie glauben an Schutzengel. Ich bin sicher, sie haben recht mit dem, was sie glauben. Aber auch wenn du nicht davon überzeugt bist, so nutzen wir diese Kräfte, denn es geht ja um Kinder – um die Inneren Kinder, die du hütest und beschützt.
Du hast als Kind die Gefühle und Bedürfnisse anderer zu deinen eigenen gemacht, hast dich mit ihnen verstrickt, du konntest nicht anders. Dein Inneres Kind tut das auch heute noch, weil es das so sehr gewohnt ist. Es kann nicht zwischen den eigenen Gefühlen und Bedürfnissen und denen anderer unterscheiden, selbst wenn du das als Erwachsener kannst. Dein Inneres Kind glaubt ernsthaft, die Bedürfnisse anderer wären seine eigenen, und es spürt deren Schmerzen, als wären es seine. Womöglich spürt es sie sogar noch mehr, weil es so hilflos ist. Du kannst dir also gut vorstellen, dass dein Inneres Kind völlig verstrickt ist in den Ansprüchen, Bedürfnissen und Nöten derer, mit denen es in Berührung kommt. Je ähnlicher diese Bedürfnisse denen deiner ersten Bezugspersonen sind, desto schneller nimmt dein Inneres Kind

diese Bedürfnisse als seine eigenen wahr, weil sie ihm so vertraut sind.

Deshalb bekommst du jetzt zunächst ein paar Hilfsmittel, mit denen du die Energien fein säuberlich voneinander trennen und alles zu einem guten Abschluss bringen kannst, soweit das in deiner Macht steht.

Innere Reise: Das eigene Innere Kind befreien

Mache es dir bequem, es gibt nichts mehr für dich zu tun. Du brauchst niemandem zu gefallen, du bist jetzt ganz und gar bei dir und darfst dich um dich selbst kümmern.

Stelle dir vor, du gehst durch ein Tor, das dich in deine eigene innere Welt führt. Du gehst ein wenig spazieren. Die Landschaft ist genau so, wie es gut für dich ist. Es gibt einen schmalen Pfad, der dich vielleicht an einer Meeresküste entlangführt, vielleicht ist es auch ein Waldweg, vielleicht kletterst du sogar einen alpinen Wanderweg hinauf. Du entspannst dich und fühlst dich wohl in deiner idealen Landschaft, die jedes Mal anders sein kann.

Auf einmal gelangst du zu einer besonders markanten Stelle in deiner inneren Landschaft. Du schaust genauer hin: Da ist ein riesiges, dunkles Spinnennetz, in dem etwas zappelt. Du schaust dich um, doch weit und breit ist keine Spinne zu sehen, und irgendwie weißt du auf einmal, dass es auch keine gibt. Das ist kein echtes Spinnennetz, es sieht nur so aus. Du näherst dich diesem klebrigen Knäuel und bemerkst, dass die dunklen Fäden von dem kleinen Wesen, das sich in dem Netz verfangen hat, selbst ausgehen. Es klebt in seinen eigenen Fäden. Du gehst noch näher heran, und das Wesen kommt dir plötzlich bekannt vor. Auch wenn du es vielleicht noch nie gesehen hast, spürst du eine tiefe Verbindung zu ihm. Und auf einmal willst du nichts sehnlicher, als dieses Wesen aus dem Netz zu befreien. Du schaust dich um. Gibt es ein Werkzeug, das du nutzen kannst? Vielleicht willst du die Fäden zunächst berühren, um zu erkennen, aus welchem Material sie gesponnen sind. Du gehst also zu dem Netz und berührst einen der Fäden. Augenblicklich durchschießt dich ein sehr vertrauter oder längst vergessener Schmerz und eine Erinnerung. Du erkennst: Dieses Netz besteht aus Schmerzfäden, gerade so, als hätten sich die Schmerzen verdichtet und materialisiert. Du schaust zu dem Wesen. Tiefe Liebe und Mitgefühl durchströmen dich.

Jetzt gibt es kein Zögern mehr. Du kämpfst dich durch die Fäden, schneidest sie durch oder reißt sie ab und befreist das Wesen, das sich in ihnen verfangen hat. Du erkennst, dass diese Fäden aus dem Bauch des Wesens herauswachsen, gerade so, als hätte es dunkle, klebrige Nabelschnüre. Du kannst diese Schnüre abreißen, sie sogar aus dem Wesen herausreißen, es bleibt unverletzt, keine Sorge. Vielleicht aber hast du auch ein Messer oder eine Schere, oder du beißt die Fäden einfach durch. Kannst du all das nicht, dann rufe bitte ein Tier zu Hilfe, das die Fäden durchtrennt. Wenn du mit ihm vertraut bist, kannst du auch sehr gern Erzengel Michael um Hilfe bitten. Er steht dir mit seinem Schwert zur Verfügung. Was immer nötig ist: Du tust nun alles, um das kleine Wesen aus dem Netz zu befreien, und das gelingt dir auch.

Nimm es nun in den Arm, und trage es fort. Hinter einer Wegbiegung erblickst du auf einmal einen wunderschönen Wasserfall. Das Wasser strömt sanft und weich von mehreren Felsen herab. Es ist warm und seidig. Du wäschst das Wesen und bemerkst, dass es von vielen Schichten umgeben ist, als wäre es in einen Kokon gewickelt. Du befreist es sorgsam aus diesem Kokon – und plötzlich erkennst du dich selbst. Ein sehr empfindsamer, mitfühlender Teil von dir lag in diesem Kokon. Vielleicht erscheint dir dieser Teil wie ein Kind, vielleicht auch wie ein Engel – beides kann gut sein, und so, wie es ist, ist es genau richtig. Bitte nun darum, dass mit diesem kleinen Wesen genau das geschieht, was richtig für es ist. Es kann sein, dass eine liebende, lichtvolle Kraft kommt und es mit sich nimmt, weil es für ein Leben auf der Erde zu empfindsam, zu lichtvoll ist. Es kann aber auch sein, dass es kräftiger wird, ein wenig wächst und nun an deiner Hand fröhlich mit dir weitergeht. Was immer geschieht; wenn es sich gut anfühlt, dann stimmt das auch. Das ist die Welt der Symbole, und darum ist es so, wie es sich dir zeigt, genau richtig.

Du fragst dich sicher, was du tun kannst, um von nun an auf dieses Wesen aufzupassen. Das zeige ich dir in der nächsten inneren Reise. Behalte das Wesen erst einmal an deiner Hand oder im Arm, und komme in den Raum zurück, in dem du bist, damit du diese innere Reise verarbeiten kannst.

Und jetzt bringen wir dein Inneres Kind, wie versprochen, in Sicherheit. Du kennst diese Meditation, wenn du meine anderen Bücher über das Innere Kind gelesen hast, ich ändere sie immer wieder ein wenig ab, aber sie ist ein Basiswerkzeug. Immer, wirklich immer, wenn du mit Menschen zu tun hast, die dich emotional erpressen wollen oder die durch Schuldzuweisungen bewusst oder unbewusst Macht über dich ausüben, nutze bitte dieses Werkzeug. Dein Inneres Kind übernimmt sonst die Verantwortung für deren Nöte, es kann nicht anders. Deshalb sollte es in diesen Situationen erst gar nicht mit anwesend sein.
Eins noch vorab: Wenn jemand bewusst mit Schuldzuweisungen arbeitet und an dein Gewissen oder dein Mitgefühl appelliert, um dich zu manipulieren, verweise ihn des Hauses – deines inneren und auch deines echten. Das meine ich ernst. Natürlich geht das nicht, wenn das deine Eltern sind. Aber es ist auch ein gängiges Marketinginstrument, und das halte ich schlichtweg für perfide. Ich werde ernsthaft böse, wenn mich jemand über mein Mitgefühl zu manipulieren versucht, und das bekommt derjenige auch zu spüren. Mit der Unschuld

eines Inneren Kindes spielt man nicht, und man macht auch keine Geschäfte damit. Ende der Ansage.
Nun also eine innere Reise, mit der du dein Inneres Kind in Sicherheit bringen kannst. Übe sie bitte in guten Zeiten, damit du in schwierigen Situationen auf der Stelle darauf zugreifen kannst.

Innere Reise: Der Zaubergarten des Inneren Kindes

Mache es dir bequem, entspanne dich, erlaube dir, für einen Moment die Kontrolle loszulassen. Du bist sicher und geschützt, es gibt nichts mehr für dich zu tun.
Vor deinem inneren Auge entsteht eine wunderschöne Landschaft, in der du dich wohl und geborgen fühlst. Vielleicht kennst du sie schon, vielleicht entsteht sie genau jetzt vor deinem inneren Auge. Schaue dich in aller Ruhe um, entspanne dich, gehe spazieren. Es gibt einen kleinen Pfad, und du gehst ihn gemächlich und friedlich entlang. Du nimmst die Landschaft mit all deinen Sinnen wahr, entspannst dich, lässt dich verzaubern. Nimm dir Zeit, anzukommen und die Landschaft zu erforschen. Sie ist beinahe magisch, und du fühlst dich augenblicklich wohl und entspannt.
Irgendwann kommst du zu einer Lichtung, hier ist es ganz still, und du spürst, dass dich etwas ganz Besonderes erwartet. Achtsam näherst du dich der Lichtung. Auf einmal entdeckst du ein kleines Kind, ein Mädchen oder einen Jungen. Als Frau kannst du durchaus auch ein männliches Inneres Kind haben

oder umgekehrt. Vielleicht kennst du das Kind schon, vielleicht nicht. Achte besonders darauf, ob es dich kennt und ob es auf dich zukommt. Dieses Kind ist vielleicht sehr verletzt, vielleicht spielt es auch friedlich mit den Tieren auf der Wiese oder in dem Wald, wo es sich befindet. Schaue es dir in Ruhe an, und gehe mit ihm um, wie du mit einem Kind umgehen würdest, das du sehr liebst und beschützen willst. Frage das Kind, was es braucht, wenn es mit dir spricht. Wenn nicht, dann setze dich einfach in seine Nähe, und gib ihm Zeit, dich kennenzulernen.

Es wird Zeit, die Verantwortung für dieses Innere Kind zu übernehmen, und du spürst, wie sich der erwachsene Teil in dir innerlich aufrichtet und stärker wird. Du spürst die Mutter/den Vater in dir. Nimm das Kind in den Arm, wenn du möchtest und wenn es das zulässt. Sage ihm: »Ich bin jetzt da. Ich sehe dich, ich höre dich, und ich nehme dich wahr.« Und dann sage ihm, dass du einen wunderbaren Ort kennst, einen Zaubergarten, in dem seine tiefsten und geheimsten Wünsche und Sehnsüchte erfüllt werden, in dem es behütet und geschützt ist, nie wieder allein, nie wieder einsam sein muss. An diesem Ort wird es nie wieder verletzt werden, es darf sich endlich entspannen und bekommt, was es braucht. Sage ihm, dass du gekommen bist, um es nach Hause zu bringen.

Du beginnst, den wunderschönen Weg weiterzugehen, und dein Inneres Kind begleitet dich. Vielleicht trägst du es, vielleicht nimmt es deine Hand, vielleicht springt es auch vergnügt vor dir her. Die Natur wird immer geheimnisvoller, magischer, immer schöner. Du fühlst dich wie in einem besonders geheimen Teil deiner inneren Landschaft, und so ist es auch.

Auf einmal kommst du an ein Tor. Ein Wächter steht davor, er ist groß und machtvoll. »Was ist deine Absicht?«, fragt er dich mit ernster Stimme, und du antwortest: »Ich bringe mein Inneres Kind nach Hause.« Augenblicklich öffnet sich das Tor, und du betrittst den schönsten Garten, den du je gesehen hast: einen Ort voller Magie, Liebe, Heilung, Fantasie und Geborgenheit. Dein Inneres Kind hüpft begeistert hinter dir her, vielleicht ist es auch bereits vorausgerannt. Der Zaubergarten ist wunderschön, hier findest du alles, was das Herz deines Inneren Kindes begehrt. Ein großer, sehr heller Engel tritt auf dich zu. Er begrüßt dich und das Kind sehr liebevoll und sagt dir: »Ich bin der Hüter dieses Ortes. Bei mir ist dein Inneres Kind sicher. Es bekommt hier alles, was es braucht. Du kannst mir vertrauen und es mir immer dann überlassen, wenn du im Außen als Erwachsener reagieren musst und willst.«

Nimm wahr, wie sehr es dich erleichtert, zu wissen, dass dein Inneres Kind nun einen idealen, sicheren Ort hat, an dem es bekommt, was es braucht, wo es behütet und genährt wird. Was auch immer dein Inneres Kind braucht, hier und jetzt bekommt es Heilung. Sei bitte ganz offen für die Art und Weise der Heilung, hier kann wahrhaftig alles geschehen. Sieh dein Kind, wie es erfüllt und glücklich ist, wie es endlich bekommt,

was es braucht, und wisse, dass seine Bedürfnisse in diesem inneren Zaubergarten immer erfüllt werden. Hier kann dein Kind heilen, hier kann es sich erholen, hier ist der Ort, an dem es ganz werden darf und seine Liebe, Zauberkraft und Freude entfalten kann. Dieser Ort befindet sich mitten in deinem Herzen, und von hier aus kann das Innere Kind nun seine Liebe und Glückseligkeit in dein Leben strahlen lassen.
Wann immer du von nun an bemerkst, dass dein Inneres Kind Verantwortung für eine schwierige Situation übernehmen will, kannst du es in den Zaubergarten schicken und den Hüter des Gartens bitten, für das Kind zu sorgen. Spüre bitte ganz deutlich, dass sich der Zaubergarten in deinem Herzen befindet, und bitte das Innere Kind, seine Energie in dein Herz zu senden. Nimm wahr, wie sich das anfühlt, wie warm und frei dein Herz auf einmal wird.
Behalte das warme Gefühl im Herzen, erlaube, dass es sich in deinem ganzen Körper ausbreitet, und nimm deine Umgebung wieder wahr. Bleibe innen angebunden, und öffne gleichzeitig deine Sinne für deine äußere Welt. Recke und strecke dich, und sei ganz zuversichtlich. Du hast nun einen Schutzraum für den verletzlichsten, liebevollsten Teil deines Selbst gefunden!

Stelle dir das mit dem inneren sicheren Ort bitte so vor: Er ist in deinem Herzen, aber nicht im Organ, sondern im Herzchakra. Hier ist die Umschaltstelle, die Verbindung zwischen Seele und Mensch. Das Herzchakra ist wie ein lichtvoller Raum, von dem aus du in alle Dimensionen reisen kannst.

Klingt dir das zu spirituell, überspringe diese Textstelle. Für viele Leser und auch für mich selbst ist das aber sehr wichtig. Wenn du dein Inneres Kind in diesen sicheren inneren Raum bringst, dann kann es von da aus jederzeit überall sein, wo es gerade sein will: zu Hause im Licht, bei den Engeln, im Körper ... Es ist ein Ort, an dem das Kind sicher und zugleich vollkommen frei ist. Von hier aus kann es seinen Zauber in dein Leben senden, es selbst bleibt aber in Sicherheit.

Ein anderes Bild, mit dem du die Wirkung des Zaubergartens erkennen kannst, gebe ich dir hier. Mir liegt es wirklich am Herzen, dass du diese Wirkung verstehst, sonst nutzt du den Zaubergarten nicht. Ich habe schon oft gehört: »Aber ich will mein Inneres Kind doch nicht wegsperren«. Natürlich nicht, und das tust du ja auch nicht, im Gegenteil, es darf ab sofort immer da sein, aber sicher und geschützt in dir.

Stelle dir vor, dein Körper ist ein wunderschönes, großes Haus. Es gibt einen tollen Garten hinten raus, eine warme, gemütliche Küche und alles, was du sonst noch brauchst. Dein Inneres Kind (bzw. deine Inneren Kinder, es sind ja viele) wohnt mit dir zusammen in diesem Haus. Wenn du dein Inneres Kind nicht hütest, dann rennt es, bildlich gesprochen, draußen auf der viel befahrenen Straße herum und versucht, dein Leben zu meistern. Es macht jedem die Tür auf und glaubt denen, die da anklopfen, beinahe alles. Deshalb gibt es ihnen auch beinahe alles. Stelle dir das bitte wirklich vor: Da ist dieses sichere, wunderschöne Haus, und das Innere Kind rennt draußen herum und versucht, deine Angelegenheiten zu regeln. Die Meditation weiter oben bedeutet in diesem Bild: Du gehst zu dem Kind, nimmst es in den Arm und sagst ihm: »Schatz, du gehst jetzt ins Haus oder in den Garten spielen. Wenn es an der Tür klingelt, dann mache ich, der Erwachsene, auf. Wenn alles gut ist, darfst du sehr gern mit an die Tür kommen, aber lasse mich erst nachschauen. Ich werde dir Grenzen setzen, weil ich dich liebe, und ich werde von nun an dafür sorgen, dass du nicht mehr ungehütet auf der Straße herumrennst. Bleibe in Sicherheit, gehe nach hinten in den Garten, da kannst du spielen, solange du willst. Du bist das Kind.« Verstanden?

Wir gehen noch einen Schritt weiter: Wir befreien dich als Kind aus einer Schuldgefühle auslösenden Situation. Nutze bitte auch dieses Werkzeug immer dann, wenn du Schuldgefühle bekommst. Keine Sorge, um die Inneren

Kinder, die du für andere hütest, kümmern wir uns noch. Aber erst einmal ist dein eigenes dran.

Innere Reise: Das eigene Innere Kind in Sicherheit bringen

Stelle dir eine Situation aus deiner Kindheit vor, in der du Schuldgefühle bekommen hättest, wenn du getan hättest, was du wirklich tun wolltest, oder gefühlt hättest, was du wirklich fühltest. Wenn dir keine Situation einfällt, dann erlaube, dass nun von ganz allein ein inneres Bild, eine Erinnerung, in dir auftaucht. Dein Inneres Kind weiß ganz genau, in welcher Situation es Hilfe braucht.

Wie geht es dem Kind, was wird von ihm erwartet oder verlangt? Dass es stillhält und funktioniert? Dass es nicht stört, dass es brav ist? Oder dass es sich um etwas kümmert, was Aufgabe der Erwachsenen gewesen wäre? Dass es mit einer Situation klarkommt, die es verletzt oder einsam sein lässt? Was immer es ist, erlaube dir und deinem Inneren Kind, die Gefühle zu fühlen, die es eben hat. Schaue dir die Not des Kindes an. Jetzt stelle dir vor, du gehst als Erwachsener mit in diese Situation hinein. Du bist nun zweimal da, als Kind und als der Erwachsene, der du heute bist. Gehe bitte zu dem Kind, und nimm es in den Arm. Sage ihm: »Ich bin jetzt da, und du darfst sein, wie du bist. Ich beschütze dich, du musst das nicht auf dich nehmen, das gehört nicht zu dir, und du kannst nichts dafür.« Stelle dich nun vor den Erwachsenen, der das Kind genötigt hat, sich selbst zu verraten. Sage ihm: »Ich erlaube dir nie wieder, das Kind zu verletzen und zu benutzen. Es kann nichts dafür. Ich übernehme jetzt die Verantwortung für das Kind, und ich nehme es mit mir.«

Verlasse dann mit dem Kind, das du warst, die Situation, und bringe es in den Zaubergarten, den du bereits kennengelernt hast. Dort kann es heilen. Erlaube ihm, alles, was es für die Eltern oder Familienangehörige trägt, in deine Hände zu legen. Will es das nicht, dann bestehe darauf. Sage ihm, dass du, der Erwachsene, dich um die Inneren Kinder kümmerst, die es beschützen will, damit es spielen gehen kann. Nimm deinem Inneren Kind alles ab, was es für andere trägt. Das kann sehr viel sein.

Bitte nun eine gute Kraft, der du vertraust, zu dir. Gib ihr all die Lasten, die dir das Kind gegeben hat. Du selbst musst sie auch nicht tragen. Diese gute Kraft wird sie zur richtigen Zeit und auf die richtige Weise auflösen und in reine Energie verwandeln, darum brauchst du dich nicht zu kümmern. Du kannst dir auch einfach vorstellen, dass du diese Lasten in ein hoch loderndes Feuer wirfst. Sieh, wie dein Inneres Kind nun frei im Zaubergarten spielt, sich in Licht auflöst oder sich ausruht und von Engeln gehalten wird. Hier darf, kann und wird Heilung geschehen.

Komme in diesem Wissen zurück in den Raum, in dem du dich befindest.

Manchmal werde ich gefragt: »Wie oft mache ich diese innere Reise, und wann ist das Kind endlich geheilt, und alles ist gut?« (»... und ich bin es los?«, meinen die meisten Klienten damit). Die Antwort darauf ist ganz einfach: Mache die Übung so oft wie nötig. Es geht in der Arbeit mit dem Inneren Kind nicht darum, dass es irgendwann geheilt ist und du dich nicht mehr darum zu kümmern brauchst. Es ist ein sehr wichtiger, sehr empfindsamer Teil deines Selbst. Den wirst du nicht los. Es geht darum, eine liebevolle, heilsame Beziehung zu ihm, also mit dir selbst, herzustellen und zu lernen, gut und achtsam mit ihm und damit mit dir selbst umzugehen.

Was aber machst du nun mit den Inneren Kindern, die du für andere hütest, die sich an dich krallen, ja, die oft genug beinahe bewusst vom Gegenüber zu dir geschickt werden? Was machst du, wenn dein eigenes Inneres Kind die Fürsorge für ein anderes übernommen hat und schier daran zerbricht? Eines funktioniert meistens nicht: sich abzugrenzen. Denn du siehst ja die Not. Wenn du dich jetzt abgrenzt, wozu hättest du dann die ganze Zeit das Unglück getragen und es durch dein dich selbst verleugnendes Verhalten zu lindern versucht? Es gibt zum Glück etwas viel Besseres. Außer du willst dich ausdrücklich und bewusst abgrenzen und den Schmarotzer aus deinem Inneren hinauswerfen, zum Beispiel das Innere Kind des missbrauchenden Großvaters oder der wegschauenden Mutter. Für beide Fälle gebe ich dir hier Werkzeuge. Beginnen wir mit einem liebevollen Loslassen.

Innere Reise: Das fremde Innere Kind in gute Hände geben

Wie immer machst du es dir bequem, es gibt nichts mehr für dich zu tun, als deinen inneren Bildern zu vertrauen. Erlaube nun, dass sich dir eine typische Szene zeigt, in der du das tust, was ein anderer von dir will. Spüre deinen Groll und deine Ohnmacht, und sieh dir selbst dabei zu, wie du es einem anderen recht machst, warum auch immer. Lasse dich fühlen, was du fühlst.

Nun öffne bewusst deine Wahrnehmung noch ein wenig weiter. Schaue bitte, ob du irgendwo das Innere Kind desjenigen, dem du es recht zu machen versuchst, findest. Schaue vor allem, ob es dir am Rockzipfel bzw. am Hosenbein hängt, ob du es gar nährst, ob es sich an dich klammert, vielleicht heimlich und unbemerkt. Wenn du es wahrnimmst, dann erkenne, wie es dir damit geht. Könntest du es einfach so von dir ablösen? Es kann sein, dass sich das anfühlt, als würdest du es im Stich lassen. Nimm das einfach wahr. Erkenne bitte auch, was dieses Innere Kind von dir will. Wie sollst du dich verhalten, um es nicht zu stören, zu ängstigen, um es nicht zu verletzen? Und nimmt der Erwachsene, der zu diesem Inneren Kind gehört, es überhaupt wahr? Will er etwas mit ihm zu tun haben?

Triff nun eine Entscheidung. Entscheide, ob du dieses Innere Kind weiterhin nähren und hüten willst oder nicht. Keine Sorge, wir geben es in gute Hände, wenn du nicht mehr für es verantwortlich sein willst. Doch zunächst triff bitte diese Entscheidung. Wenn du dich entscheidest, dieses Innere Kind loszulassen und die Verantwortung für es abzugeben, dann brauchen wir jetzt jemanden, der diese Verantwortung übernimmt.
Wer könnte das sein? Schaue zunächst auf den Erwachsenen, der zu diesem Inneren Kind gehört, und frage ihn in Gedanken, ob er bereit ist, die volle Verantwortung für sein Inneres Kind zu übernehmen. Vermutlich sagt er Nein, doch fragen musst du ihn. Will er die Verantwortung von nun an übernehmen, dann gib ihm einfach das Innere Kind, das du hütest. Schaue, ob du durch dunkle Nabelschnüre mit ihm verbunden bist. Nimm besonders wahr, ob dein eigenes Inneres Kind mit einer dunklen Schnur an ihm, dem Erwachsenen, oder dem fremden Inneren Kind hängt. Durchtrenne diese Schnüre, und überreiche dem Erwachsenen sein Inneres Kind.
Will er die Verantwortung nicht übernehmen, was sehr häufig vorkommt, dann brauchst du gute Kräfte, die das tun. Zum Glück hat jedes Kind seinen Schutzengel. Ob du selbst daran glaubst oder nicht, spielt zum Glück keine Rolle, das Kind glaubt daran, und das genügt. Rufe nun also den Schutzengel des Inneren Kindes, das du hütest. Wenn du noch ein wenig mehr tun willst, dann rufe all die guten Kräfte, die für dieses

Innere Kind zuständig sind. Rufe sie, und lasse vollkommen offen, welche Kräfte da kommen wollen. Du hast eine gute Absicht, und das genügt.

In Ausnahmefällen kommt es vor, dass du kein gutes Gefühl hast bei der Kraft, die sich nun zeigt. Das passiert, wenn der Mensch, zu dem das Innere Kind gehört, bewusst oder unbewusst mit sehr merkwürdigen Energien verstrickt ist. Das darf er sein, das geht dich nichts an. Doch du rufst für das Innere Kind noch einmal ausdrücklich die höchsten und reinsten Lichtkräfte. Du darfst darauf bestehen, dass die Kräfte, die sich in allerbester Weise um dieses Innere Kind kümmern können, jetzt kommen. Bitte nun diese Kräfte, sich des Inneren Kindes anzunehmen, das du die ganze Zeit gehütet hast. Manchmal will es nicht loslassen, dann bestehe darauf. Es dient niemandem, wenn du dich weiterhin zum Opfer machst, und auch für dieses Innere Kind gibt es etwas Besseres als deine zähneknirschende Fürsorge. Durchtrenne eventuell vorhandene dunkle Schnüre, die dich oder dein eigenes Inneres Kind mit diesem Wesen verbinden. Und dann gib es in die liebenden Hände seines Schutzengels.

Mache diese innere Reise immer dann, wenn du das Gefühl hast, dass du zu viel Verantwortung für das Wohlbefinden eines anderen übernimmst und deine eigenen Wünsche und Bedürfnisse voller Schuldgefühle zurückstellst. Es ist erstaunlich, wie viele Innere Kinder man manchmal hütet. So nimm auch diese innere Reise bitte als ein Werkzeug.

Komme dann in deiner Zeit zurück in den Raum, in dem du dich befindest, und nutze dieses Werkzeug von nun an bewusst.

Wenn du dich lieber abgrenzen willst, ohne dich um das fremde Innere Kind zu kümmern, dann mache die folgende innere Reise:

Innere Reise: Radikaler Selbstschutz

Stelle dir die Situation vor, in der du als Kind oder als Erwachsener durch deine Schuldgefühle genötigt wurdest, etwas zu tun, was dir schadete, oder etwas zu lassen, was dich gerettet hätte. Fühle deine wahren Gefühle in dieser Situation, den Groll, die Angst, die Wut, den Schmerz, die Scham.

Nun nimm das Innere Kind desjenigen wahr, der dich geschädigt hat oder dich dazu nötigte, dich schädigen zu lassen. Wie geht es dir damit, dieses Innere Kind zu sehen? Nimm wahr, wie es sich an dich klammert oder dich traktiert, es gibt auch sehr zornige, sogar gemeine Innere Kinder. Eine allzu romantische Sicht der Dinge hilft dir nicht, wenn du angegriffen wirst.

Greife nun nach diesem Inneren Kind, wenn es an dir klebt, und reiße es von dir ab wie eine Puppe. Schleudere es von dir, du bist nicht für dieses Kind zuständig. Nutze deine Wut und deine Aggression, sie wollen dich beschützen und dir Kraft geben. Wenn es dir hilft, dann rufe einen Drachen, der dich beschützt. Du bist nicht für die Heilung dieses fremden Inneren

Kindes zuständig, sondern dafür, dass du nicht weiter verletzt wirst. So erlaube dem Drachen, dir dieses Innere Kind und seine Auswirkungen vom Leib zu halten. Soll es seinen Schmerz woanders ausleben und sich abreagieren, du stehst nicht mehr zur Verfügung.

Wie geht es dir damit, so radikal für dich zu sorgen? Sicher ist das sehr ungewohnt, doch wenn dich jemand wirklich schädigt, dann meint er es nicht gut mit dir, und es passiert auch nicht unbeabsichtigt. Er verletzt bewusst deine Grenzen, das ist weder nett noch liebevoll gemeint. Daher brauchst du weder verständnisvoll noch freundlich zu bleiben. Wehre dich. Rufe den Drachen, und spüre, wie stark du wirst, wenn du dich nicht mehr selbst zum Opfer machst. Manchmal ist es besser, respektvoll behandelt zu werden, anstatt das allzu brave Kind oder der allzu verständnisvolle Engel zu sein, oder?

Jetzt, wo du das fremde Innere Kind losgeworden bist, schaue bitte, was du in dieser Situation für dich selbst tun kannst. Stelle dir vor, du gehst als der Mensch von heute mit in diese Situation hinein. Du bist nun also zweimal da, dein heutiges und dein jüngeres Ich. Nimm dein jüngeres Ich in den Arm, sage ihm, dass du nun da bist und dass du es beschützen wirst. Gehe zu dem Angreifer hin, und sage ihm: »Ich werde dir nie wieder erlauben, mich und mein Inneres Kind zu schädigen. Ich werde nie wieder die Verantwortung für dein Inneres Kind übernehmen, nie wieder deine Lasten tragen.« Durchtrenne dann die dunkle Schnur, die sich zwischen deinem Inneren Kind

und demjenigen, der es geschädigt hat, spannt. Durchtrenne jede Verbindung zum dunklen Inneren Kind des anderen.
Eines Tages willst du vielleicht gute Kräfte für dieses Innere Kind rufen – eines Tages, nicht heute. Und auch nur dann, wenn du es für richtig hältst. Es ist wirklich nicht deine Aufgabe. Kümmere dich bitte um dich.
Komme dann in den Raum zurück, in dem du dich befindest.

Gestern ist mir etwas klar geworden. Ich war lange Zeit wirklich sehr involviert in die Themen eines Familienmitgliedes, das depressiv ist und einen schweren Lebensweg geht. Ich bin diesen Weg mitgegangen und habe sehr viel Verantwortung übernommen. Das war auch richtig, anders hätte es seinen Weg nicht gehen können. Manche Verabredungen haben nichts mit dem Inneren Kind zu tun, sondern einfach damit, dass man sich auf höheren Ebenen verabredet hat.** Doch gestern habe ich nach einem langen Gespräch mit dieser Person erkannt, dass ich irgendwo auf dem Weg hängen geblieben bin. Sie ist längst nicht mehr so bedürftig und verletzlich, wie sie einst war. Sie braucht mich nicht mehr. Doch ein Teil in mir trägt noch immer sehr viel Verantwortung für sie, und das bereitet mir und auch ihr ziemliche Schwierigkeiten. Ich kann einfach nicht aus dem Kümmern und

** Mehr dazu: Susanne Hühn: Das Innere Kind – Seelenverträge erkennen und erlösen, Schirner Verlag.

Versorgen aussteigen, weil dieser Teil, der das übernommen hat, nicht anders kann. Er ist genau deshalb überhaupt hier.

Ich nahm also Kontakt mit diesem Anteil auf, der viele Jahre lang dafür gesorgt hatte, dass ich eigene Bedürfnisse und Interessen an zweite Stelle gestellt hatte, und erkannte, dass dieser Anteil in mir, der so lange in Selbstaufopferung mit ihr gelebt hatte, gehen konnte. Das Leben hatte sich verändert, es war gut ausgegangen. Das »Opfer« hatte sich gelohnt. Ich konnte jetzt aufhören, sie zu halten und Verantwortung für sie zu tragen. Ich schaute nach innen, fragte mich, ob sich nicht doch mein Inneres Kind übernommen hatte – aber nein. Es war nicht das Innere Kind. Da war ein Teil in mir, der zutiefst mitfühlend war und sich als Meerjungfrau zeigte. Diese Meerjungfrau opferte sich sehr bereitwillig selbst auf. Schon das An-Land-Gehen war ein Opfer für diese Meerjungfrau in mir, denn ihr Zuhause war nun einmal das Wasser, wo sie mit Ihresgleichen zusammen sein konnte. Sie fühlte sich fremd an Land, wurde nicht verstanden, war sehr fürsorglich und emotional, manchmal zu emotional für das Leben an Land. Wasser ist im Schamanischen das Element, das für Gefühle steht, und hier kannte sie sich aus. Ich sagte ihr, dass sie ihre Sache sehr gut gemacht hatte, dass sie jetzt aber wieder nach

Hause gehen bzw. schwimmen durfte. Ihr Job auf der Erde und in meinem Leben war erledigt, die Verabredung mit der Seele der anderen war erfüllt. Zutiefst erleichtert sprang sie in die türkisgrünen Fluten. Jetzt schwimmt sie wieder mit ihren Meerjungfrauenfreundinnen und den Delfinen, lässt sich vom Seetang streicheln und ist frei.

Manchmal sehen auch Seelenverträge aus, als wärest du co-abhängig, doch manches ist einfach verabredet. Deshalb hier der Vollständigkeit halber eine innere Reise, mit der du die Anteile, die sehr viel Verantwortung tragen und jetzt nicht mehr gebraucht werden, entlassen kannst.

Innere Reise: Den allzu hilfsbereiten Anteil erlösen

Mache es dir also bequem, und erlaube dir, die Kontrolle über deine Gefühle und Gedanken für einen Moment loszulassen. Es gibt nichts mehr zu tun, als einfach hier zu sein und dich selbst wahrzunehmen, dir selbst zu glauben.

Stelle dir nun vor, du gehst durch ein Tor, das dich in deine Innenwelt führt, in die Welt der Symbole, der inneren Bilder und der Archetypen. Du gelangst in eine urwüchsige, sehr gesunde und natürliche Landschaft, in der du dich entspannen und Lebenskraft schöpfen kannst. Vielleicht erkennst du, wie müde du bist.

In einiger Entfernung bemerkst du ein Lagerfeuer. Es brennt da scheinbar ungehütet, doch du spürst, dass es sicher ist und von höheren Kräften geschützt wird. Du gehst zu diesem Feuer und setzt dich. Während du in die Flammen schaust, wird dir bewusst, wie sehr du einen bestimmten Menschen energetisch und emotional mitträgst oder mitgetragen hast. Vielleicht ist es gar ein Elternteil. Das Feuer verändert seine Farbe und zieht nun all die Schwere aus dir heraus, all das, was du für den anderen übernommen hast. Erlaube das einfach, es ist gut. Du dienst dem anderen nicht länger, wenn du seine Lasten noch weiter mit dir herumschleppst. Auf einmal sprühen Funken aus dem Feuer, als würden Wunderkerzen leuchten und funkeln. Die Kraft dieser Funken strömt jetzt in Form von Licht und Wärme in dich ein. Das ist all die Energie, die es dich gekostet hat, das Schicksal des anderen mitzutragen, egal, ob das sinnvoll und richtig war oder nicht.

Du sitzt am Feuer, während die Energie in dich einfließt, und auf einmal erscheint dir gegenüber eine Gestalt. Du erkennst sie schemenhaft durch die Flammen hindurch. Du weißt plötzlich, dass das der Teil von dir ist, ein Seelenteil oder ein emotionaler Anteil, der all die Lasten bisher bereitwillig getragen hat. Er wirkt sehr müde oder ungeduldig, je nachdem, welches Temperament er hat. Er signalisiert dir deutlich: Hier geht etwas zu Ende.

Du lässt deine Geschichte mit diesem bestimmten Menschen Revue passieren, und du erkennst, dass alles gut ist. Ja, du

hast vieles getragen, und ja, du konntest es nicht ändern. Doch jetzt darf es vorbei sein. Du spürst tiefen Frieden, weil du wirklich erkennst, dass dieser Abschnitt deines Lebens vorbei ist.
Du nickst der Gestalt zu, vielleicht hat sie noch eine Botschaft für dich, oder du willst ihr etwas sagen. Doch vielleicht ist auch alles längst gesagt. Tief bewegt spürst du, dass du dieses Wesen in dir nun freilassen darfst. Es darf gehen, wohin es möchte, es ist frei, weil die Geschichte zu Ende ist. »Ich danke dir, gehe nach Hause«, sagst du dem Wesen – auf einmal ist es verschwunden. Womöglich weißt du genau, wohin es entschwunden ist, doch vielleicht auch nicht. Es spielt letztlich keine Rolle.
Du sitzt am Feuer, und all die Szenen, in denen du über alle Maßen für den anderen da warst, du unter Schuldgefühlen littest, wenn du dich doch abgrenzen wolltest, ziehen an dir vorbei, zumindest die wichtigen. Du spürst, wie sehr andere Aspekte von dir darunter gelitten haben, dass du dich so sehr für den anderen eingesetzt hast. Nimm dir Zeit, dich selbst zu fragen: »Was brauche ich, damit ich wieder ins Gleichgewicht komme, wie kann ich diese Überforderung an mir selbst wiedergutmachen?« Lasse dir Zeit für die Antworten, die aus deinem Inneren in dir aufsteigen, und nimm sie ernst. Du hast große Mühen auf dich genommen, um den anderen zu schützen und zu unterstützen. Doch, das hast du. Du darfst auch große Mühen auf dich nehmen, um dich selbst zu unterstützen und zu beschützen. Denn für dich hat das vielleicht

noch nie jemand getan. Nun, du bist jetzt da, und du kannst für dich selbst all das tun, was du für andere so meisterhaft in der Lage bist zu tun.
Ruhe dich am Feuer aus, es wärmt und nährt dich, gibt dir Kraft und Zuversicht. Komme dann, wenn du eine Entscheidung darüber, wie du von nun an gut für dich selbst sorgen kannst, getroffen hast, durch das Tor in den Raum zurück, in dem du dich befindest.

Wir haben nun einigermaßen ausführlich nach dem geschaut, was du für andere auf dich genommen hast, und es in die Erlösung gebracht. Doch was ist, wenn du erkennst, dass auch du anderen einiges zugemutet hast? Nun, wenn du so viel für andere mit dir herumträgst und damit ein sehr beschäftigtes, überfordertes Inneres Kind hast, dann kann es sehr leicht geschehen, dass du dir deine emotionale Nahrung bei anderen holst. Womöglich sogar bei deinen eigenen Kindern. Das ist verständlich, aber sinnvoll ist es nicht. Denn damit gibst du diese falsche Fürsorgepflicht weiter. Zum Glück lässt sich das sehr leicht wiedergutmachen. Du brauchst nur damit aufzuhören, dich bei denen, die tragen, zu entschuldigen, und von nun an dein Inneres Kind gut im Zaubergarten hüten.
Damit du die Lasten, die zu dir gehören oder die du zumindest trägst und die du unbewusst anderen auf-

gebürdet hast, auch wirklich zu dir zurücknehmen kannst, gebe ich dir hier eine für dieses Buch letzte innere Reise.

Innere Reise: Das eigene Innere Kind zu sich zurückholen

Gehe in Gedanken in eine Situation, in der du dich aus gutem Grund schuldig fühlst, weil du deine Lasten einem anderen aufgebürdet hast.
Natürlich fühlt sich das nicht gut an, aber du schaffst das. Besonders, wenn du deine eigenen Kinder belastet hast, ist es wichtig, dass du diesen inneren Schritt nun gehst. Du kannst diese innere Reise auch für deine Tiere machen, denn auch sie übernehmen oft die Lasten, die du selbst nicht tragen willst oder kannst. Stelle dir diese vergangene Situation so deutlich wie möglich vor, und erlaube dir, alle Gefühle zu fühlen. Gefühle wollen einfach nur gefühlt werden, du brauchst nichts zu tun. Nimm sie nur wahr.
Jetzt sieh, wer in dieser Situation mitbeteiligt ist. Nun erlaube dir, zu sehen, wo sich dein Inneres Kind in dieser Situation befindet. Ist es bei dir? Hat es sich versteckt? Oder klammert es sich an den anderen, beschimpft ihn, trotzt oder weint? Kannst du spüren oder erkennen, welche Lasten es beim anderen abzuladen versucht oder was es gerne bekommen möchte?
Was immer du spürst oder siehst, stelle dir nun vor, du gehst zu deinem Inneren Kind hin. Sage ihm: »Das ist nicht deine Mutter, nicht dein Vater. Ich bin für dich verantwortlich, ich

halte dich, und ich kann dich auch halten. Ich bin für dich da.« Und dann nimm dein Inneres Kind in den Arm. Bringe es in den Zaubergarten, wenn du das willst, oder halte es einfach an der Hand oder im Arm.

Schaue nun, ob es Lasten bei deinem Gegenüber abgeladen hat. Gehe zu ihm hin, und sage ihm: »Alles, was du für mein Inneres Kind trägst, nehme ich jetzt wieder zu mir zurück. Alles, was ich von dir bekommen habe, gebe ich dir zurück. Du bist jetzt bei dir, und ich bin jetzt bei mir.« Schaue, was passiert. Fließt Energie zwischen euch hin und her?

Wenn du den Prozess verstärken willst, dann stelle dir vor, ihr steht in einer goldenen Acht. Der Kreuzungspunkt ist zwischen euch. Ihr steht je in einer der Schlaufen. Jeder hat also seinen Platz, und dennoch seid ihr verbunden. Die Energie der goldenen Acht beginnt nun, euch zu umkreisen, mit oder gegen den Uhrzeigersinn. Während diese goldene Energie euch umströmt, lässt du alles los, was zum anderen gehört. Gleichzeitig strömt alles zu dir zurück, was zu dir gehört. Diese goldene Acht kannst du immer nutzen, für momentane und für vergangene Situationen. Alles, was zu dir gehört, strömt also zu dir zurück, und du lässt alles los, was du vom anderen bekommen hast. Dein Inneres Kind ist sicher und geschützt bei dir. Du kannst deine Lasten selbst tragen und mit dem, was du fühlst, umgehen. Du bist frei und kannst auch andere frei sein lassen.

Nutze diese innere Reise immer dann, wenn du das Gefühl oder die Befürchtung hast, jemandem deine Lasten aufgebürdet zu

haben. Während du nach innen schaust, erkennst du, ob es etwas zurückzunehmen gibt oder nicht.
Komme dann, wenn du fertig bist, zurück in den Raum, in dem du dich befindest.

Nachwort

Wenn du unter Schuldgefühlen leidest, dann gibt es ein paar Situationen, die du meiden solltest oder in denen du ganz eindeutig sein musst. Versprich nie etwas, wenn du nicht ganz sicher bist, dass du es leicht halten kannst und auch willst. Erbitte dir eine Bedenkzeit, wenn dich jemand um einen Gefallen bittet. Du hast ein Anrecht darauf, denn du neigst dazu, viel zu rasch Ja zu sagen. Gib deinem inneren Nein die Möglichkeit, sich dir zu zeigen.

Meide Menschen, die dich emotional erpressen wollen und dich zu Schuldgefühlen nötigen. Kannst du den Kontakt nicht abbrechen, so bringe unbedingt dein Inneres Kind in den Zaubergarten, bevor du diese Menschen triffst. Schaue, was du brauchst, damit du möglichst Raum für dich bekommst, und schaue vor allem, wie lange du den Kontakt haben möchtest. Du kannst sehr wohl vorher schon sagen »Ich habe 15 Minuten Zeit, dann muss ich wieder auflegen«, wenn es sich um einen Anruf handelt. Bist du zu Besuch, zum Beispiel bei deinen Eltern, dann mache mit dir selbst eine Besuchszeit aus, und schlafe, wenn möglich, im Hotel, damit du Raum für dich selbst hast. Behalte so gut wie möglich die Kontrolle über deine Zeit und deinen Aufenthaltsort.

Übe in kleinen, dir nicht wichtigen Situationen, deine Wahrheit, vor allem dein Nein, zu sagen. Gerade weil sie nicht so wichtig sind, kannst du dich selbst gut umprogrammieren. Das ist wichtig. Du erinnerst dich an die Amygdala, dein Angstzentrum? Es lernt über emotionale Erfahrungen, positive wie negative. Wenn du bewusst übst, bei Kleinigkeiten Nein zu sagen, und erkennst, dass dir nichts Dramatisches passiert, dass du das überleben kannst, dann verlierst du nach und nach die Angst davor, wirklich zu dir zu stehen. Und dann brauchst du auch keine Schuldgefühle mehr zu haben, weil du einmal wieder ein voreilig abgegebenes Versprechen nicht einhalten kannst und willst.

Friede deinem Weg. Ich hoffe, dieses Büchlein dient dir.
Susanne

Über die Autorin

Susanne Hühn ist ausgebildete Lebensberaterin und ganzheitliche Physiotherapeutin. Sie schreibt spirituelle Selbsthilfebücher und gibt Lebensberatung, Channelings sowie Meditationskurse für Erwachsene und Kinder. Seit 1986 begleitet sie Menschen auf deren Weg zur Gesundung. Mit dem Schreiben begann sie 1992. Zuerst schrieb sie spirituelle Romane, dann vermittelte sie ihr Wissen in Sachbüchern und auf CDs, die sie mittlerweile in großer Zahl veröffentlicht hat.

www.susannehuehn.de

Weitere Titel aus der Reihe »Das Innere Kind« erschienen im Schirner Verlag

Susanne Hühn
Das Innere Kind – Angst loslassen

96 Seiten
ISBN: 978-3-8434-5108-6

Susanne Hühn
Das Innere Kind – Süchte verstehen und loslassen

96 Seiten
ISBN: 978-3-8434-5123-9

Susanne Hühn
Das Innere Kind – Beziehungen heilen

96 Seiten
ISBN: 978-3-8434-5133-8